时学的时事看世界

江时学 著

天津出版传媒集团

天津人民出版社

图书在版编目(CIP)数据

时学时事看世界 / 江时学著. -- 天津：天津人民
出版社，2024.1(2025.5 重印)
ISBN 978-7-201-18799-0

Ⅰ. ①时… Ⅱ. ①江… Ⅲ. ①国际关系－通俗读物
Ⅳ. ①D81-49

中国国家版本馆CIP数据核字(2023)第193568号

时学时事看世界
SHIXUE SHISHI KAN SHIJIE

出　　版	天津人民出版社	
出 版 人	刘锦泉	
地　　址	天津市和平区西康路35号康岳大厦	
邮政编码	300051	
邮购电话	(022)23332469	
电子邮箱	reader@tjrmcbs.com	

责任编辑	王　玎
封面设计	汤　磊

印　　刷	天津新华印务有限公司
经　　销	新华书店
开　　本	710毫米×1000毫米　1/16
印　　张	14.25
插　　页	1
字　　数	210千字
版次印次	2024年1月第1版　2025年5月第3次印刷
定　　价	79.00元

永远怀念我的母亲

自　序

学术研究水平与一个国家的国际地位息息相关。中国的国际地位不断提升，与世界各国的联系越来越紧密，正在前所未有地靠近世界舞台的中心。在这一过程中，作为一门学问，国际问题研究也在中国不断地发展。

虽然国际问题研究在我国的学科分类中不是一级学科，但它已成为我国社会科学研究的重要组成部分。可以毫不夸张地说，在我国，每天都有大量与国际事务或国际问题研究有关的学术专著和学术论文问世，这些科研成果为中国特色大国外交提供了强有力的学术支撑。

我曾出版过几本专著，发表过不少学术论文。但是这些科研成果的学术性太强，如果不是从事国际问题研究的学者，我认为你很难有兴趣去阅读。

我在研究之余，不忘写一些与我的研究领域有关的随笔。这些随笔没有过多讲究学术性，只要把问题的来龙去脉讲清楚。当然，写好一篇有思想、有观点、有新意的随笔并非易事。

为方便读者阅读，我把这些文章涉及的主题分为七类：中国与世界、国际关系、全球化与全球治理、发展中国家和新兴经济体、拉丁美洲、欧洲，以及研究方法。

　　美国学者斯蒂芬·沃尔特在鼓励青年学子把国际问题研究作为终身事业时曾说过:"我们这一辈(学者)在国际问题研究领域为你们留下了无数有待解决的棘手问题。你们一定会干得比我们更好。"

　　但愿本书能为青年学子进入国际问题研究领域提供一点帮助。我甚至希望本书能为在校大学生报考国际关系专业的硕士研究生提供一点帮助。

江时学

2022 年 7 月

目　录

中国与世界

如何理解中国与国际秩序的关系？

始于 1963 年的慕尼黑安全会议是国际上讨论安全问题的最重要的论坛之一。在 2019 年年会（第 55 届）开幕前夕，会议发布了《2019 年慕尼黑安全报告》。该报告指出，当前的国际事务表明，世界上大大小小的危机不计其数，而且"自由国际秩序"（又被译为"自由主义国际秩序"）正在瓦解。

国际秩序是一种体现了世界体系中力量对比的变化、用国际法或权力规范国际关系的机制。国际秩序是一种不以人的意志为转移的客观存在。也就是说，不论你喜欢与否，总有一种国际秩序存在于这个世界上。当然，在理论上，如果一个国家实行完全闭关自守的政策，那么它也可以无视这样的国际秩序的存在。但在现实中，这样的国家可以说是找不到的。换言之，即便这个国家与世界交往的程度很低，它也会受到国际秩序的影响，尽管这种影响不大。

国际秩序有时也被叫作世界秩序。例如，2014 年，美国前国务卿基辛格出版了《世界秩序》（World Order）一书。作为知名学者，他的书在国际上当然有一定的影响力。在这本书里，国际秩序与世界秩序好像没有太大的差别。

无论是"自由国际秩序"还是"自由主义国际秩序"，国际学术界的共识是：这一秩序是在第二次世界大战后建立的，崇尚自由、民主

3

和市场开放,强调规则的重要性,推崇联合国、世界银行、国际货币基金组织和世界贸易组织在国际事务中享有的领导权或主导权。

在理论上,这样一种国际秩序应该是受人欢迎的。但是在现实中,这一貌似公正的国际秩序却成了美国在国际舞台上为所欲为的"尚方宝剑"。为了维护自身的利益,美国高举单边主义大旗,唯我独尊,在人权、主权和规则等领域经常使用"双重标准",随意抛弃《联合国宪章》,肆意践踏多边主义。无怪乎"自由国际秩序"常被当作美国控制下的国际秩序或"美国统治下的和平"(Pax Americana)。这样一种国际秩序当然是不受欢迎的。

作为世界大家庭中的一员,中国始终希望改变这样一种不合理的国际秩序。早在1974年,邓小平就在联合国有关会议上阐述了毛泽东"三个世界"的理论和中国的对外政策,对建立国际经济新秩序提出了中国政府的主张。他指出,国家之间的政治和经济关系都应该建立在和平共处五项原则的基础上,国际经济事务应该由世界各国共同管理,而不应该由少数国家垄断。1990年,邓小平在同几位中央负责同志谈话时指出:"我们的对外政策还是两条,第一条是反对霸权主义、强权政治,维护世界和平;第二条是建立国际政治新秩序和经济新秩序。"

近几年,随着中国综合国力的增强,中国与世界的接触和交往越来越多,中国要求推动新型国际关系的呼声也越来越强烈。但是中国的这一良好愿望却经常被误解、误读和误判,有时甚至被视为"修正主义者"行为。其实,正如中国领导人多次指出的那样,中国外交政策的宗旨是维护世界和平、促进共同发展。中国始终是世界和平的建设者、全球发展的贡献者、国际秩序的维护者。

在2017年第53届慕尼黑安全会议上,王毅发表了题为《坚持合作理念,作出正确抉择》的主旨演讲,他指出:"世界并没有失序,二战之后建立起来的国际秩序和国际体系依然在保障世界和平与发展方面发挥着不可替代的关键作用,应当继续加以坚持和维护。"在2019年第55届慕尼黑安全会议上,杨洁篪说:"作为联合国创始会员国和安理会常任理事国,中国始终支持和践行多边主义,始终高举和平、发展、合作、共赢的旗帜,始终做世界和平的建设者、全球发展的贡献者、国际秩序的维护者。"

近几年,在美国的无理打压下,中美关系跌入了低谷。基辛格曾说过:"美国必须就新的国际秩序与中国达成共识,否则世界可能再度面临第一次世界大战前的那种局面。"

综上所述,中国不赞同所谓自由的国际秩序,但希望构建一个以人类命运共同体思想为指导、以多边主义为基础、以《联合国宪章》为准绳、以合作共赢为宗旨、向更加公正合理的方向发展的国际秩序。也就是说,世界上应该只有一种秩序,就是以联合国倡导的多边主义为圭臬的国际秩序;世界上应该只有一个体系,就是以联合国为核心的国际体系;世界上应该只有一套规则,就是以《联合国宪章》为基础的国际关系基本准则。

为什么中国会成为全球化的赢家?

"全球化"一词是由美国学者西奥多·莱维特于 1985 年发明的。他在其题为《市场的全球化》的一文中,用"全球化"这个词来形容此前 20 年间国际经济发生的巨大变化,即"商品、服务、资本和技术在世界性生产、消费和投资领域中的扩散"。

全球化的定义可谓数不胜数,莫衷一是。但大多数人认为,全球化是指商品、资本、技术、人员和信息在全球范围内的跨国界流动的速度不断加快,从而使世界各国经济之间的相互依赖不断加深。而且,全球化不是一个终极目标,而是一种动态的进程,更是一种历史性的发展趋势。

中国的改革开放和参与全球化是一个相得益彰的过程,两者缺一不可。中国国家主席习近平在达沃斯世界经济论坛上对中国参与全球化的过程和成效做出了生动而精辟的总结:"融入世界经济是历史大方向,中国经济要发展,就要敢于到世界市场的汪洋大海中去游泳,如果永远不敢到大海中去经风雨、见世面,总有一天会在大海中溺水而亡。所以,中国勇敢迈向了世界市场。在这个过程中,我们呛过水,遇到过漩涡,遇到过风浪,但我们在游泳中学会了游泳。这是正确的战略抉择。"此文于 2020 年 12 月 16 日在《求是》杂志以《共担时代责任,共促全球发展》为题发表。

世界上有多少个国家是全球化的"赢家"？这个问题的答案取决于"赢家"的定义。毋庸赘述，全球化是双刃剑，正所谓有得必有失，有失必有得。但是总的说来，每一个国家都可以被视为赢家。当然，有些国家是大赢家，而有些国家可能是小赢家。正如亚投行行长金立群在2017年中国发展高层论坛上所言："大家都是全球化的赢家……全球化没有输家。"

国外学术界和国际媒体都认为中国是全球化的"赢家"，因为中国经济取得了快速的增长，甚至已经消除了绝对贫困。

中国之所以能成为全球化的赢家，主要是因为中国能做到以下六点：

一是确保政府制定和实施的各种政策具有最大限度的正确性。政府的政策无所不包，应有尽有。只有正确的政策才能调动劳动者的积极性，才能解放生产力，才能正确处理市场与政府的关系，才能在参与全球化的过程中扬长避短。事实表明，中国政府制定和实施的各种政策，包括经济政策、社会政策、宏观政策和微观政策等，都是正确的。

二是充分发挥自身的比较优势。任何一个国家都有其比较优势，全球化为各国发挥其比较优势提供了机遇。在一段时间内，中国的比较优势是劳动力资源丰富。中国充分利用这一优势，大力发展劳动密集型产品的生产和出口，从中获取了大量外汇收入。

三是正确处理开放与保护的关系。众所周知，参与全球化的过程就是一个开放的过程，但是不计后果的开放并非良策。中国能恰如其分地把握开放的程度和速度，使开放与适度保护结合在一起。尤其是在金融领域，迟缓地开放不利于充分利用金融全球化的优势，不利于强化金融部门的竞争力；但是过早或过急地开放则必然会适得其反，欲速则不达。

四是做好"家庭作业"。参与全球化是一个对外开放的过程。这一过程不是孤立的,而是应该与国内的改革相互协调,相辅相成。1978年以来,尤其是加入世界贸易组织以来,中国为适应对外开放而在国内实施了多种多样的改革措施。换言之,中国之所以能从全球化中积极发展,在很大程度上是因为中国政府始终使对外开放与国内改革很好地融合在一起,使之相得益彰。

五是拥有强大的制造业能力。在任何一个经济发展阶段,实体经济都是至关重要的。在实体经济中,制造业的重要性尤为突出。目前,在500多种主要工业产品中,我国有220多种产品的产量位居世界第一。这一地位不仅给中国经济发展带来了强大的动力,也使中国通过对外贸易从全球化中受益匪浅。

六是为敢于吃苦耐劳的劳动者提供足够多的劳动致富的机遇。全球化为各国提供了发展的机遇,但是能否利用全球化带来的机遇,取决于多种因素,其中之一就是劳动者能否吃苦耐劳。

中国外交要不要继续坚持韬光养晦?

20世纪80年代末90年代初,东欧剧变,苏联解体,世界社会主义运动遭受了前所未有的严重挫折。与此同时,二战结束后形成的两极格局瓦解,世界进入一个新旧格局交替的"后冷战"时期。面对这一外部环境,邓小平先后提出了多条对外关系指导方针:冷静观察、稳住阵脚、沉着应付、韬光养晦、善于守拙、决不当头、有所作为等,其中最重要的是韬光养晦、有所作为。

我曾为中国社会科学院研究生院"国际问题前沿"课程的期末考试出过这样一道题:有人认为,中国过于韬光养晦,很少有所作为;但也有人认为,中国早已放弃韬光养晦,开始有所作为;还有人则认为,中国仍然在坚持韬光养晦与有所作为并重。上述分歧的根源之一是难以界定中国某一具体的外交行为或立场是什么性质。你认为中国的哪些外交行为或立场可被视为韬光养晦(请举两个例子说明)?为什么?哪些可被看作有所作为(请举两个例子说明)?为什么?

两百多个学生的答案可谓五花八门、丰富多彩、应有尽有。有些学生认为,下述外交行为或立场是有所作为:"钓鱼岛撞船事件"发生后对日本采取制裁措施、向发展中国家提供大量援助、在黄海开展军事演习、海军在远洋为商船护航、在处理中美关系时敢于抨击美国、反对美国对台军售、在上海合作组织中发挥重要作用、派遣维和部队、积极参与中国—东盟自由贸易区、对香港和澳门恢复行使主权、对谷歌采取有力的限制措施、实施中国企业"走出去"战略、限制稀土出口、加入世界贸易组织、提出改革国际货币体系的设想、歼-20飞机升空、制造航母、反对日本领导人参拜靖国神社、在哥本哈根气候变化会议上抵制一些发达国家不公正的行为、在朝核问题上积极斡旋,等等。

在回答哪些外交行为或立场是韬光养晦时,学生们列举了以下例子:在阿富汗问题上保持低调、对伊朗核问题仅仅发表一些官方声明、对美韩军事演习持观望态度、在处理中美关系时保持克制、对中东政策保持低调、在领土争端中不首先使用武力、不接受"两国集团"(G2)的说法、驻南斯拉夫大使馆被炸后没有报复美国、在人民币汇率问题上屈服于外部的压力、高调宣布不称霸和不结盟、在应对金融危机时没有指责他国、1993年"银河"号事件发生后我仅仅口头抗议、中国国内生产总值排名第二后外交部和统计局发言人称中国人均国内生产总值在世界上排名第105位、在哥本哈根气候变化会议上作出减排承诺、对奥运会火炬传递过程中遇到的骚扰不采取强硬行动、一艘中国商船被海盗劫持后支付赎金、在多哈回合谈判中不当头、宣布不首先使用核武器、在安理会上投弃权票而非反对票、2001年4月中美南海撞机后未制裁美国、对中韩渔船相撞作出温和回应、在朝核问题上不主动出击,等等。

令人惊讶的是,在学生的答案中,中国在处理朝核问题和中美关系等问题时采取的立场及对哥本哈根气候变化会议的态度,被不同的学生视为不同性质的行为。这充分说明,在判断某个外交行为的性质时,主观意识发挥着很大的作用。

毋庸置疑,任何一个国家的政府采取的任何一个政策行为都是一种客观存在。然而由于我们难以对韬光养晦和有所作为的定义给出明确的界定,因此被这些人当作韬光养晦的一个政策行为,却被那些人视为有所作为,反之亦然。

诚然,关于韬光养晦与有所作为的重要性、必要性、理论意义和现实意义等大道理,可谓尽人皆知。但是我敢大胆地想象,中国政府在谋划某一政策行为时,首先考虑的是我们的国家利益,而非韬光养晦或有所作为。换言之,中国政府不会为了故意韬光养晦或故意有所作为而实施某一政策行为。

许多中国学者对韬光养晦和有所作为进行了深入研究,发表了大量科研成果。但是如何韬光养晦及如何有所作为,似乎是一个理论最不联系实际的话题了。中国学者必须跳出现有的思维模式,将是否符合我们的国家利益作为评判中国政府外交政策行为的基础。

但是近几年,越来越多的学者认为,中国已经从韬光养晦转向了有所作为。因此,在国际社会看来,中国外交开始具有"自信",甚至"进攻性"。还有一些学者认为,韬光养晦是中国外交的基本原则,永远不会被放弃。事实上,中国坚持不扩张、不称霸,坚持相互尊重、合作,就是韬光养晦的体现。

可以预料,中国是否应该继续坚持韬光养晦,是否已经放弃了韬光养晦,仍将是争论不休的问题。

如何理解百年未有之大变局？

2017 年 12 月 28 日，习近平在驻外使节工作会议上说："中国特色社会主义进入了新时代。做好新时代外交工作，首先要深刻领会中共十九大精神，正确认识当今时代潮流和国际大势。放眼世界，我们面对的是百年未有之大变局。新世纪以来一大批新兴市场国家和发展中国家快速发展，世界多极化加速发展，国际格局日趋均衡，国际潮流大势不可逆转。"

自那时以来，学术界对百年未有之大变局这一重要命题的意义进行了深入研究。但是这一说法的含义究竟是什么？各种各样的理解和诠释很多，可谓众说纷纭，莫衷一是。

毫无疑问，不同的时代有不同的大变局。李鸿章曾说过："臣窃惟欧洲诸国，百十年来，由印度而南洋，由南洋而中国，闯入边界腹地，凡前史所未载，亘古所未通，无不款关而求互市。我皇上如天之度，概与立约通商，以牢笼之，合地球东西南朔九万里之遥，胥聚于中国，此三千余年一大变局也。"但李鸿章所说的"三千余年一大变局"，与今天我们面临的百年未有之大变局，显然不能同日而语。

中共十九大报告指出："世界正处于大发展大变革大调整时期，和平与发展仍然是时代主题。世界多极化、经济全球化、社会信息化、文化多样化深入发展，全球治理体系和国际秩序变革加速推进，各国相互联系和依存日益加深,国际力量对比更趋平衡,和平发展大势不可逆转。同时,世界面临的不稳定性不确定性突出,世界经济增长动能不足,贫富分化日益严重,地区热点问题此起彼伏,恐怖主义、网络安全、重大传染性疾病、气候变化等非传统安全威胁持续蔓延,人类面临许多共同挑战。"虽然中共十九大报告中未使用百年未有之大变局的提法,但它所说的"大发展大变革大调整时期"与百年未有之大变局这一提法基本上是相同的。

有人认为,500多年前西方开始领跑全球化的趋势正逐渐让位于东方;400年前开启的工业化进程,已从机械化、电力化、信息化逐渐演进到智能化阶段;300年前开始向全球推广的"民主政治"体制表现不佳;200年前出现并在全球普及的学科体系与思想范式在当前认识世界、重构世界的进程中暴露出缺陷与短板;100多年前确定的大西洋体系正在出现洲际式转移与主体性分散。这几个时间段的划分,在一定程度上体现了最近500年历史发展进程的特点。

至于世界百年未有之大变局的"变局"包括哪些方面的内容,学术界给出的看法同样是多种多样的。我认为,世界格局体现了时代变化的大趋势,因此百年未有之大变局的"变",实际上只有一个意思,那就是世界格局发生了变化。

需要进一步讨论的是,世界格局发生了哪些变化? 我认为,以下六个变化非常显著:

一是世界经济的重心已从大西洋转移到太平洋。这一转移与亚洲国家经济的快速发展有关。

二是全球化趋势以前所未有的速度在发展。尽管反全球化的力量不时发声,但是生产全球化、贸易全球化和金融全球化依然在稳步推进。

三是新兴经济体在国际舞台上的地位在上升。无论在经济规模上还是在国际规则的制定和修改等方面，发达国家说一不二的时代一去不复返了。

四是科技革命对人类产生的重大影响是无与伦比的。人的观念、生活方式、生活质量、人与自然的关系，以及人与人的关系，都受到了科技革命的影响。

五是苏联解体后形成的美国独霸世界的单极世界正在让位于多极化加速发展。在这一趋势中，欧盟和新兴经济体在国际事务中的作用尤为引人注目。

六是全球问题层出不穷，对人类社会的发展构成了巨大的挑战。与此同时，推动全球治理的力度在加大，尽管"治理赤字"难以消除。

还应该指出的是，促成世界格局之变的上述六个方面，在很大程度上是相互影响和互为因果的。例如，世界经济重心的转移既与中国和其他一些新兴经济体的快速发展有关，也与全球化和科技革命息息相关；又如，世界多极化促成了世界格局的变化，世界格局的变化也为世界多极化的发展创造了条件；再如，全球问题层出不穷，也是全球化不断发展的必然结果，因为全球化使一些全球问题（如传染病、网络不安全、气候变化、恐怖主义和跨国犯罪）变得更为严重。

由此可见，我们可以在不同的层面上从不同的角度理解百年未有之大变局。这一变局的核心是世界格局在变化，但世界格局的变化不是孤立的，而是由多种多样的变化构成的，其中包括中国的崛起。换言之，百年未有之大变局可用两句话概括：一是世界多极化加速发展，二是中华民族正在实现伟大飞跃。在一定程度上，我们甚至可以认为，中华民族正在实现的伟大飞跃，才是导致世界多极化加速发展的主要因素之一。

　　除了讨论百年未有之大变局的内涵以外,还有人在问:百年未有之大变局的"百年"始于何时? 我认为,虽然习近平的重要讲话是在 2017 年发表的,但这一"百年"的起点未必是明确的 1917 年。应该说,这一"百年"蕴含的时间概念,是相对 20 世纪而言的,未必有明确的起始点。此外,还应该注意到,百年未有之大变局的特征已经在一二十年前或二三十年前就出现了。

中国是否具有"适应全球化的能力"?

　　全球化是任何一个国家都必须面对的外部因素。因此,在参与全球化的过程中扬长避短的能力,就是适应全球化的能力。毫无疑问,适应全球化的能力与从全球化中受益的程度成正比。

　　如何理解中国适应全球化的能力?

　　在浏览互联网时,我看到了美国克莱蒙特·麦肯纳学院政治学讲座教授裴敏欣在英国《金融时报》(2012年1月9日)发表的一篇题为《中国,一个缺乏全球化准备的世界大国》的文章。他写道:"中国是全球化最大赢家之一这一说法,也许大家都能接受。……相比之下,中国对全球化准备很不充分这一论点可能会引起争论。但是我们可以从几个方面来评估中国适应全球化的能力。总的来说,在全球化的国际环境中,一个大国要在政治、经济和文化上具有竞争力,必须拥有一套'与时俱进'的外交理念和价值观,有强有力的民营的跨国公司,并有高度国际观的高端人力资源。用这三个指标来衡量,中国适应全球化的能力显得明显不足。"

　　这一观点有许多谬误。

　　在谈及外交理念和价值观时,裴敏欣认为:"长期以来,中国的外交理念是'现实主义'。这一理念把世界看成一个大国为建立霸权和影响而竞争的战场,以国家主权和安全作为最高价值,视军事和经济实力为维护国家安全的唯一保障。……对中国来说，现实主义的外交战略使中国在全球化的世界中扮演了一个日益尴尬的角色。在许多涉及全球事务的政策问题上（如气候变化、自由贸易、防核扩散等），中国关注的仅是其狭隘的国家利益。这一立场不仅使中国在许多国际场合被孤立，而且最终会损害中国的国家利益。因为由于西方国家提供国际公益品的能力衰退，现有国际秩序无法容纳中国这样一位超级'搭便车者'，若中国不为全球化提供公益品，全球化将不可持续。"

这一判断则是完全错误的。众所周知，中国提出了构建新型国际关系的外交理念和人类命运共同体的意识。中国坚持独立自主的和平外交政策，主张各国一律平等，尊重各国主权和领土完整，尊重各国人民自主选择社会制度和发展道路。中国愿与各国分享发展经验，向有需要的国家提供必要帮助，但不输出模式、不当教师爷、不附加任何政治条件。中国在国际上讲公道话、办公道事，反对霸权霸道霸凌，坚持共商共建共享。中国追求互利共赢，致力于构建开放型世界经济，维护以世界贸易组织为核心的多边贸易体制，推动全球化朝着更加开放、包容、普惠、平衡、共赢的方向发展。

关于"强有力的民营的跨国公司"，裴敏欣认为："除了联想和华为之外，中国可以说没有一家大型的民营跨国公司，造成这一局面的最主要原因是中国政府'国进民退'的经济政策。北京对民营企业的限制和歧视，使中国民营企业的规模得不到发展。"

这一观点同样是值得商榷的。作为社会主义国家，中国当然必须坚持公有制，但是中国政府历来支持和鼓励民营企业发展，即以公有制为主体，多种所有制共同发展。谁也无法否认这一事实：改革开放以来，中国的民营企业敢闯敢干，从小到大、由弱变强，为中国经济发展做出了巨大的贡献。作为中国特色社会主义的建设者，民营经济贡献了50%以上的税收,60%以上的国内生产总值,70%以上的技术创新,80%以上的城镇劳动就业,90%以上的新增就业和企业数量。诚然,中国的大型民营企业为数不多,但是随着中国经济的持续发展,越来越多的民营企业会跻身世界市场。

关于"高端人才",裴敏欣认为:"一个能驾驭全球化的大国必须拥有大批具有国际观的高端人才。目前,中国最缺的就是这类人才。除了语言障碍之外,中国缺乏高端人才的原因有多种:狭隘的民族情绪大大限制了中国精英的国际观,过时、腐败、无能和低效的高等教育体系缺乏培养这类人才的能力。目前,只有'海归'为中国弥补了一些高端人才的缺口。"

这一观点的可取之处是:人才很重要。作为世界第二大经济体,中国确实需要多多益善的人才,尤其是高端人才。毋庸置疑,高端人才在14亿多总人口中的比重很低。但是将高端人才缺乏的根源归咎于"狭隘的民族情绪",是完全错误的。而且将中国的高等教育体系视为"过时、腐败、无能和低效",也是违背事实的。

更为荒唐的是,裴敏欣居然声称:"中国共产党对高等教育和社会科学的严密控制又使中国对国际问题的研究一直处于低端水平。"首先,不能把中国共产党对高教和社会科学的领导视为"严密控制";其次,中国的国际问题研究并非"一直处于低端水平",而是在不断发展,为中国特色大国外交提供了强有力的学术支撑,并在国际学术界享有很高的声誉。

裴敏欣在文章的最后写道:"要从根本上改变(对全球化准备很不充分)这一局面需要很长的时间。但最关键的问题是要改变中国的政治体制。拖中国全球化后腿的基本因素是政治体制的封闭和专制。只要这一基本因素继续存在,中国适应全球化的能力就不可能真正得到发展。"

如此明目张胆地要求中国改变政治体制,并用"封闭和专制"形容中国政治体制的中文文章,居然被一家中文网站转载。裴敏欣难道不知道,一个国家选择什么样的政治制度,是由这个国家的历史传承、文化传统、经济社会发展水平决定的,是由这个国家的人民决定的。

美国拥有大量强有力的民营跨国公司和为数不少的高端人力资源。但美国是否拥有一套"与时俱进"的外交理念和价值观?答案显然是否定的。众所周知,作为"世界警察",美国奉行的是霸权主义、霸凌主义、单边主义和保护主义。因此,按照裴敏欣的观点,美国适应全球化的能力明显不足,美国不是全球化的赢家。

中国与世界

中国对外开放的决心坚定不移

在力挺中国加入世界贸易组织的多位大人物中,该组织的首任总干事彼得·萨瑟兰功不可没。他在该组织卸任后,曾担任过英国石油公司的董事长。据说2000年他去苏州旅游时,为他开车的司机因不认识路而开进了单行道。警察要扣驾照、扣车。这时,萨瑟兰下了车,从容地从口袋里掏出一支雪茄,递给了警察,并对警察说:"我是爱尔兰人,我们爱尔兰乡下人都不太认识路,麻烦你了。"萨瑟兰还笑着要给警察点烟。警察看到车里下来的人是个外国人,便没有多加处置,告知司机路线后,把驾照还给了司机。

警察当然不知道这个外国人是何许人也。且不论警察对外国人"高抬贵手"是否合理,我想说的是,那时,即使在苏州这样的城市,外国人还不是很多。因此,警察对外国人另眼相待是不难理解的。

今天,无论在苏州还是在中国的其他城市,外国人越来越多。这在一定程度上说明,中国越来越开放了。

在我的记忆中,自1978年中国实施改革开放政策以来,中国领导人经常说的一句话就是:中国对外开放的决心坚定不移,而且还不断地扩大对外开放。

中国对外开放的决心为什么是坚定不移的? 中国为什么要不断地扩大对外开放?

首先,对外开放是中国的基本国策。改革开放是坚持和发展中国特色社会主义、实现中华民族伟大复兴的必由之路。改革开放极大改变了中国的面貌、中华民族的面貌、中国人民的面貌、中国共产党的面貌。此外,人类已经成为你中有我、我中有你的命运共同体,利益高度融合,彼此相互依存。因此,开放带来进步,封闭必然落后。越是面对挑战,我们越是要遵循历史前进逻辑、顺应时代发展潮流、呼应人民群众的期待,在更加开放的条件下实现更高质量的发展,在开放中分享机会和利益、实现互利共赢。

　　其次,中国的发展离不开世界,世界的繁荣也需要中国。这是1978年以来中国改革开放进程验证的一个来之不易的重要启示。中共十九届五中全会审议通过了《中共中央关于制定国民经济和社会发展第十四个五年规划和二〇三五年远景目标的建议》(以下简称《建议》),提出全面建成小康社会奋斗目标将如期实现,2021年中国将开启全面建设社会主义现代化国家新征程。毫无疑问,为了实现这些宏伟的目标,中国必须继续扩大开放。与此同时,中国巨大的市场潜力为世界各国创造更多需求。中国人均国内生产总值已经突破1万美元,中等收入人口已超过4亿,预计未来10年累计商品进口额有望超过22万亿美元。中国制造已经成为全球产业链供应链的重要组成部分,由此可见,中国经济的不断发展,中国人民对美好生活的追求,将对来自世界各地更加多样化高品质的产品、技术、服务产生更多需求。

　　最后,世界多极化和经济全球化的时代潮流不可逆转。英国的"脱欧"、中美之间发生的贸易摩擦,以及新冠疫情导致的跨国界人员流动的减少,被认为是导致"逆全球化"的根源。其实,英国"脱欧"后,不会奉行闭关锁国的政策;特朗普引发的中美贸易摩擦不仅损害了他国的利益,也无法从根本上遏制自由贸易;疫情产生的负面影响是暂时的,不可能永久存在。因此,"逆全球化"是一个伪命题。作为世界上的第二大经济体,中国既得益于经济全球化,也为其持续发展做出了贡献。诚然,经济全球化正面临着"反全球化"现象的挑战,但这既不会打击中国投身于经济全球化的积极性,也不会软化中国继续扩大开放的力度。换言之,虽然"反全球化"现象来势凶猛,但中国开放的大门不会关闭,只会越开越大。

中国将如何继续扩大开放?有无较为具体的政策措施?中国能否做到言则必行、行则将至? 国际社会肯定希望得到这些问题的答案。

无论是中共十九届五中全会审议通过的《建议》,还是习近平的每一次重要讲话,都介绍了中国继续扩大开放的政策措施。概而言之,这些政策措施主要包括:一是全面实施《中华人民共和国外商投资法》及其实施条例、进一步缩减外商投资准入负面清单、稳步推动金融市场准入、出台海南自由贸易港建设总体方案、强化深圳和浦东的改革开放举措、深化服务贸易创新发展试点等。二是推动贸易和投资自由化、便利化,同更多国家商签高标准自由贸易协定,积极参与多双边区域投资贸易合作机制,打造更高水平的开放型经济。三是完善外商投资准入前国民待遇加负面清单管理制度,依法保护外资企业合法权益,有序扩大服务业对外开放,持续打造市场化、法治化、国际化营商环境。四是立足国内大循环,发挥比较优势,协同推进强大国内市场和贸易强国建设,以国内大循环吸引全球资源要素,充分利用国内国际两个市场两种资源,积极促进内需和外需、进口和出口、引进外资和对外投资协调发展,促进国际收支基本平衡。

中国的扩大开放意味着什么? 这也是我们应该回答的问题。一方面,不断对外开放有利于全面建成小康社会,有利于中国开启全面建设社会主义现代化国家新征程,有利于中国向第二个百年奋斗目标进军,有利于进一步提升中国在世界经济舞台上的地位。另一方面,西方应该理性地、积极地看待中国的开放,既不应该将中国的扩大开放视为威胁,也不应该担心中国会走"国强必霸"之路;既不应该祈求与中国"脱钩",也不应该对中国奉行贸易保护主义和技术保护主义。

"反全球化"现象与国际突发事件使世界经济发展遭受前所未有的双重打击。中国愿同世界各国一道,在开放中创造更多的合作共赢的机遇,在合作中破解难题,为推动构建人类命运共同体共同发力。

"战狼外交"是伪命题

最近几年,中国外交部的发言人被外界称为"战狼",中国的外交风格被莫名其妙地贴上了"战狼外交"的标签。其实,"战狼外交"是一个伪命题。

第一,采用哪一种外交风格,取决于一国外交的必要性。顾名思义,"战狼外交"就是强硬,就是使用有力的外交词语或外交行为。与之相对的就是软弱,我们不妨称之为"绵羊外交"。无论是"战狼外交"还是"绵羊外交",都只是不同的外交风格而已。哪一种外交风格是可取的?国际上并无公认的标准。在特定条件下,"战狼外交"应该是首选;在另一种特定条件下,"绵羊外交"可能是必要的。真可谓此一时,彼一时也。

第二,外交风格常常是对等的。在处理人与人之间的关系时,有一条公认的原则,即不能在小人面前做君子,不能在君子面前做小人。在一定程度上,这一原则同样可以成为处理国与国关系的圭臬。美国不断挑战《联合国宪章》,随意违反国际关系准则,不时发动侵略战争,不遗余力地动用"全政府"的力量来遏制中国,甚至用谎言和"甩锅"等方式来污蔑中国。对于这样一个超级大国,中国当然要诉诸"战狼外交",当然要为自己申辩,当然要理直气壮地维护国家利益和世界的公平正义。

第三,中国并非总是采取"战狼外交"。有人说,拜登政府上任后,中国应该表现出极大的耐心,不要用"战狼外交"去"恐吓"它。其实,在拜登担任前总统奥巴马的副手时,中方曾向美方提出过双方共同构建"新型大国关系"的建议。且不论"新型大国关系"是否属于"绵羊外交",但它蕴含的不冲突、不对抗、合作共赢的理念,既符合《联合国宪章》,也符合新型国际关系的原则;既顾及中美双方的共同利益,也在国际社会发挥了"像一个大国的样子"的示范效应,何乐而不为? 但美方却对中方的建议充耳不闻,更不用说在行动上予以接受了。毫无疑问,如果拜登政府能抛弃特朗普政府的对华政策,既不对中国进行污名化,也不对中国进行高压的遏制,中国必然会投桃报李,以更大的诚意与美国开展合作。

第四,本国人民是否认可,也应该是判断一国外交风格是否合情合理的标准。任何一个国家的外交都应该着眼于世界和平和本国利益。因此,中国的外交风格是否合理,同样需要看这一风格是否有利于维护世界和平及是否被中国人民接受。事实表明,中国的外交风格不是破坏世界和平,而是代表了世界上的进步力量,有力地抨击了美国信奉的霸权主义、霸凌主义、单边主义和保护主义。同样重要的是,中国的外交风格得到了大多数中国人民的认可。例如,《环球时报》旗下的环球舆情中心以"中国人看世界"为主题进行的民意调查表明,71.2%的受访者认为"战狼外交"是中国该有的外交姿态。

第五,作为礼仪之邦,中国始终倡导以和为贵。一个国家的外交总会或多或少地受到其文化传统的影响。中国文化传统的核心是"和合",这是举世公认的。自古以来,"和合"文化孕育了天人合一的宇宙观、协和万邦的国际观、和而不同的社会观、人心和善的道德观、义以为上的价值观。中国提出推动构建人类命运共同体,就是为了弘扬"和合"。因此,虽然中国为了捍卫自身利益而敢于同美国抗争,但中国外交并未放弃和为贵这一信念。将"战狼外交"这一伪命题加在中国外交头上,无非是希望中国打不还手、骂不还口、放弃抗争。

2020年5月24日,十三届全国人大三次会议在人民大会堂新闻发布厅举行记者会,国务委员兼外交部部长王毅就"中国外交政策和对外关系"相关问题回答中外记者提问。美国有线电视新闻网记者问王毅:"我们现在看到中国外交部发言人还有中国驻外的一些使节与美国国务院官员之间的口水战愈演愈烈,特别是双方在推特上的言论交锋日趋激烈。前不久,有一些中国驻外使节在推特上发布的关于疫情的信息不一定是真实的,引起人们的质疑。中国国家媒体将此称之为'战狼外交',但在中国之外却引发一些争议和批评的声音。有人觉得中国外交变得越来越咄咄逼人,越来越强硬。中国外交是否已经放弃了韬光养晦的原则,变得更加强硬?"王毅答道:"我尊重你提问题的权利,但你提问题的角度值得商榷。凡事都应有一个是非判断,人无是非,难以立信;国无是非,难以立世。……中国的外交政策,建立在五千年优秀文明的传统之上。中国自古就是公认的礼仪之邦,中国人爱好和平、崇尚和谐,以诚待人、以信为本。我们从来不会主动欺凌别人,但同时,中国人是有原则、有骨气的。对于蓄意的中伤,我们一定会作出有力回击,坚决捍卫国家的荣誉和民族尊严。对于无端的抹黑,我们一定会摆明事实真相,坚决维护公平正义和人类良知。"

综上所述,"战狼外交"是一个伪命题。面对霸权主义大棒和恬不知耻的胡言乱语,中国无路可退,只能奋起自卫。

要同仇敌忾地反击西方对中国的妖魔化

近几年,随着中国实力的不断壮大,西方不择手段地在许多方面对中国进行打压,或无端指责,或辱骂抹黑,或蓄意中伤,真可谓无所不用其极。

对于西方的打压,中国进行了有力的反击。从外长到网民,从驻外大使到学者,从外交部发言人到媒体,都不是忍气吞声或委曲求全,而是与之展开了针锋相对的斗争。毫无疑问,捍卫中国国家利益和尊严的钢铁长城已经成型,击破谎言的铁矛已经铸就。

但是伴随着这一斗争,我们自己的网民却不时发出一种不和谐的声音。例如,有人认为,中国外交越来越具有"战狼"的特点;也有人质疑,站在反击西方的第一线的,为什么是外交官而不是学者和媒体;甚至还有人认为,"中国外交部正在变成中国国防部"。

我国网民的上述看法是不正确的。关于"战狼外交",正如前文所述,国务委员兼外长王毅早已否定了这一"中国威胁论"的翻版。

"学者和媒体没有站在反击西方的第一线"这一判断不符合事实。一方面,如同医生总是处于救死扶伤的第一线,在任何时候,外交官总是站在外交战场的第一线,因为这是其工作性质决定的;另一方面,近几年,无论是国家级的媒体还是地方上的媒体,无论是高校的学者还是智库的学者,都在用手中的笔狠狠地回击西方对中国实施的各种妖魔化话术,而且成效显著。正是因为美国对中国媒体和学者怀恨在心,所以中国记者在他们那里进行正常报道的正当权利被侵蚀或剥夺,为数不少的中国学者的赴美签证被吊销。试问,如果中国的学者和媒体没有站在反击西方的第一线,他们会遭到西方的报复吗?

"中国外交部正在变成中国国防部"这一说法固然是一种比喻,但其荒谬之处是显而易见的。首先,在包括中国在内的任何一个国家,外交部与国防部的功能和分工是非常明确的,两者根本不可能替换。其次,中国外交部和国防部在不同的战线上行使国家的职能,无论在理论上还是在现实中,根本不可能相互越俎代庖。最后,如果说中国国防部是用军事实力保家卫国,那么中国外交部就是用外交手段发展对外关系。众所周知,外交手段是多种多样的,既有柔软的,也有强硬的,甚至还有软硬兼施的。因此,不能因为中国外交部采用了强硬的外交手段就将其视为国防部。

西方对中国的妖魔化不会因中国的反击而消停。可以预料,无论是西方的政客还是西方媒体和学者,必将继续沆瀣一气,挖空心思地卷土重来。因此,为了使捍卫我国国家利益和尊严的钢铁长城更加结实,使击破谎言的铁矛更加锋利,我们应该采取以下措施:

一是要进一步强化我们内部的凝聚力。在美国,虽然民主党和共和党在许多问题上针锋相对,但在要不要遏制中国这个问题上却异口同声,表现出前所未有的一致性。因此,我们在反击美国和其他西方国家的进攻时,必须加强我们自己的团结。

二是要联合世界上一切可以团结的正义力量。西方奉行的霸权主义、霸凌主义、单边主义和保护主义使其在世界上的敌人数不胜数。因此,我们要善于团结世界各地被西方欺压的国家,开展有理、有力和有节的斗争。换言之,只有不断壮大正义的力量,才能战胜邪恶。

三是要为学者和媒体提供更为宽广的用武之地。外交官、网民、学者和媒体在捍卫我国国家利益和尊严的过程中发挥着不同的作用,不能相互替代,也不能厚此薄彼。外交官的言论代表的是国家的官方立场,网民代表的是民间的声音,学者和媒体介于两者之间。而且,学者和媒体反应快,发出的声音具有较强的社会效应。因此,有关部门应该使学者和媒体获得更大的用武之地。例如,在不违背我国外交政策原则的前提下,要鼓励学者和媒体在多种多样的社交媒体媒介上发声,用不同的语言风格发声,最大限度地缩小"敏感词"的限制范围。此外,还应该鼓励学者和媒体用外语在国际上发声。

综上所述,对于国际上反华敌对势力不择手段的打压和遏制,我们不会忍气吞声,不会委曲求全,不会放弃抗争,不会打不还手或骂不还口。捍卫中国国家利益和尊严的钢铁长城会变得越来越牢固,击破谎言的铁矛会变得越来越锋利。

为什么要重视对外宣传工作?

2015 年 5 月,中共中央总书记、国家主席、中央军委主席习近平就《人民日报》海外版创刊 30 周年作出重要批示,要求"讲好中国故事,传播好中国声音"。

中共十九大报告指出:"推进国际传播能力建设,讲好中国故事,展现真实、立体、全面的中国,提高国家文化软实力。"

2021 年 5 月 31 日,中共中央政治局就加强我国国际传播能力建设进行第三十次集体学习。习近平在主持学习时强调,讲好中国故事,传播好中国声音,展示真实、立体、全面的中国,是加强中国国际传播能力建设的重要任务。

无论是讲好中国故事、传播好中国声音,还是推进国际传播能力建设,用一句话来概括就是做好对外宣传工作。

做好对外宣传工作的必要性和重要意义是显而易见的。一是有利于宣传中国共产党的伟大功勋。中国共产党团结带领中国人民,以"为有牺牲多壮志,敢教日月换新天"的大无畏气概,书写了中华民族几千年历史上最恢宏的史诗。中国共产党开辟的伟大道路、创造的伟大事业、取得的伟大成就,必将载入中华民族发展史册、人类文明发展史册。迄今为止,中国共产党和世界上 160 多个国家的 560 多个政党和政治组织保持着经常性联系,中国共产党的国际影响力、感召力、引领力显著提升,前所未有地走近世界政党舞台中心。但是我们必须承认,在国际上,还有许多人不了解、不熟悉、不理解中国共产党的伟大功勋。

二是有利于讲好中国共产党治国理政的故事。世界上的每一个执政党都面临着治国理政的艰巨任务。虽然中国共产党在治国理政方面取得了巨大的成功,但是对于"中国共产党的治国理政为什么能成功"或"中国共产党治国理政的经验和法宝是什么"等问题,其他国家的执政党并不清楚,甚至国外的许多学者也不了解。中国共产党在国际交往中当然可以回答上述问题,但是仅仅依靠中国共产党通过自己的国际交往来解疑释惑是远远不够的。因此,我们的各种媒体应该大力发挥自身的作用,讲好中国共产党治国理政的故事。应该指出的是,讲好中国共产党治国理政的故事并不是为了输出所谓"中国模式",更不是为了强化子虚乌有的"锐实力",而是为了让外部世界了解中国共产党如何为中国人民谋幸福、如何为维护世界的和平与发展做贡献。

三是有助于外界更好地了解中国。中国虽然早已深深地融入世界,在发展道路上取得了举世公认的成就,并且正在前所未有地靠近世界舞台中心,但是外界对中国的误读、误解和误判时有发生。这与中外在语言、文化以及政治经济体制等方面的差异有着很大的关系。因此,做好对外宣传工作,可以让外界对中国有更深、更正确的认识。

四是有助于提升中国的软实力。根据美国学者约瑟夫·奈的说法,软实力是一个国家依靠自身的魅力和吸引力,而非通过军事手段或经济制裁等强硬手段来达到目的的能力。硬实力的强弱可用多种量化的指标衡量,而软实力的强弱往往取决于人们主观上的判断。换言之,虽然软实力的强弱是一种客观存在,但是会受多种主观因素的影响,不同的人对一国软实力强弱的判断是各不相同的。正因为如此,我们有必要通过对外宣传,把我们的闪光之处展现给外界。

五是有助于改善中国的国家形象。国家形象与软实力息息相关。作为文明大国、东方大国、社会主义大国和负责任的大国,中国为人类社会的发展、为推动构建人类命运共同体做出了巨大的贡献。此外,中国正日益走近世界舞台中央,在全球事务中发挥着越来越大的作用。但是中国的这一国家形象尚未被国际上的每一个人接受,"中国威胁论""中国崩溃论"等污蔑、攻击和诋毁中国的论调从未间断。因此,如何通过对外宣传来反击少数外国政客和外国媒体对中国的诽谤和造谣,如何使中国的和平发展理念被外界接受,如何为中国的和平发展营造一种有利的国际舆论,已成为难以回避的问题。

综上所述,面对百年未有之大变局,进一步做好对外宣传工作,能增强中华文化的感召力,提升中国形象的亲和力,强化中国话语的说服力,加强国际舆论的引导力和影响力。

如何强化我国的国际话语力？

一段时间以来，我们的对外宣传工作取得了显著的成绩，但是有理说不出、说了传不开、传开了叫不响的问题依然存在。这些问题的解决难以一蹴而就，当务之急就是要最大限度地提升我们的国际话语力。

法国学者米歇尔·福柯（Michel Foucault, 1926–1984）所说的"power of discourse"，常被我国学者译为"话语权"。其实，"power"不是"权力"或"权利"，而是"力量"。因此，中国学者所说的"话语权"应该是"话语力"。

话语权和话语力是两个不同的概念。话语权是"发声"的权利，是一国就某一重大问题表达立场的发言权。因此，话语权既是一国向世界展示自我的权利，也是国与国之间展开博弈的载体。话语力则是话语的感召力、公信力和渗透力。因此，虽然每一个国家都拥有话语权，但不同国家的话语力不尽相同。换言之，任何一个国家都可以在国际上发声，但其效果不尽相同。有些声音既能感化人的观念，也能影响其行为；而有些声音不仅不能被外界理解，而且还会产生负面效果。由此可见，中国既要重视话语权，又要重视话语力；既要积极发声，又要使发出的声音能被他人听懂或认可。

我曾在一个讨论中国软实力的国际会议上听一位欧洲学者说

过，"告诉我并不意味着我们在沟通"(To inform is not to communi-cate)。他认为，中国的媒体仅仅是在"告诉"外国人一些事件，而非与外国人"沟通"。且不论他的看法是否得体，可以肯定的是，"告诉"与"沟通"不完全一样。因此，我们在对外宣传时，必须重视话语力。

如何强化我们的话语力？

第一，要缩小中国特色话语体系与国际话语体系之间的差异。话语体系的含义众说纷纭，莫衷一是。我认为，在对外宣传中，话语体系就是对外宣传的方式方法。世界上不同的国家有不同的政治制度、社会制度、文化传统和价值观，话语体系也有差异。因此，在对外宣传时，必须牢记中外话语体系的差异。

一方面，我们应该坚持道路自信、理论自信、制度自信和文化自信，理直气壮地宣传中国特色社会主义的成就；另一方面，我们也应该使用容易被外界接受的话语，使中国发出的声音被更多的人接受。如果我们完全自说自话，效果可能是"对牛弹琴"，事倍功半。

有人认为，中国的外宣越来越内宣化，即对外宣传越来越像对内宣传。我不同意这一判断，因为我们的外宣和内宣是完全不同的两个体系，关注不同的新闻点。中国国际电视台的口号是"See the difference"(发现不同)。这个不同，既是与西方媒体的不同，也是与内宣媒体的不同。例如，每天晚上7点钟，中国国际电视台的新闻与中央电视台《新闻联播》的内容完全不一样。但是避免外宣内宣化这一呼吁，其出发点是值得赞赏的。

第二，要恪守实事求是、公正客观的原则。众所周知，虽然中国在发展道路上取得的成就是巨大的，但面临的问题同样很多，有些问题甚至很严重。因此，在对外宣传时，既要大大方方、信心十足地讲成绩，也要实事求是、从容不迫地谈问题。只谈成就、不谈问题，显然不能客观而真实地讲好故事。

作为一个拥有 14 亿多人口的大国,中国在推动政治发展、追求经济增长和维系社会稳定的过程中遇到一些问题是在所难免的。讲出这些问题,不是给自己脸上抹黑,而是向外界表达我们敢于面对现实、敢于解决问题的决心。这意味着,我们在对外宣传时,当然要以正面宣传为主,但也不能不说我们存在的问题。我的一个欧洲朋友在评价中国的一份英文报纸时说:"它很像旅行社的广告,全部都是美丽的东西。"这样一种风格必然会使读者感到不真实,从而有损这份报纸的话语力。

　　第三,要积极发挥学者的作用。在许多国家,学者因拥有某一专业或某一领域的专业知识而能为其国家国际话语力的提升做出重要贡献。一方面,国际话语力需要学者提供学术支撑;另一方面,在公众的心目中,政治家的言论为政治目的或政府利益服务,而学者的言论则被认为具有较多的公正性和合理性。因此,为了提升中国的国际话语力,有必要采取以下措施:鼓励学者在国际学术刊物或国际媒体上发表其科研成果;将更多的科研成果翻译成英语或其他主要外语;要求学术机构开设外文网站,介绍学者的主要科研成果;创办更多的外文期刊;为学者在话语力领域的创新提供更大的空间和更多的便利条件。

　　众所周知,随着中国国际地位的上升,越来越多的外国大学开设了与中国政治、经济、外交、文化和社会等领域有关的课程。它们以公开的方式招聘教授,而应聘者却主要来自中国以外的国家和地区。这些教授对中国的理解和认知经常是肤浅的,而且还具有很强的片面性。此外,他们很少使用中国出版的教科书。可以想象,这样的课程很难培养出对华友好的学生,也不利于中国话语力的提高。

　　为了改变这一状况,有关部门应该鼓励中国学者向外国大学提出求职申请,并在人事关系、工资待遇和职称晋升等方面减少其后顾之忧。此外,还应该将中国学者撰写的教材推广到外国大学,以尽快改变外国教授在外国的大学用外国教材开设关于中国的课程这一不利于提升中国话语力的状况。

第四,要发挥澳门作为"传声筒"角色的作用。在"有色眼镜"的支配下,国际上许多人对中国故事的真实性表示怀疑,甚至根本不相信。为应对这一困境,有必要寻找一个能被外界接受的"传声筒"。澳门是中国的特别行政区,国际形象优美,经济实力雄厚,每年还接待无数国际游客。与香港相比,澳门政治空气较为清新。这些特点或许能使澳门成为一个"传声筒"。中央政府有必要在澳门特区政府的配合下,在澳门设立一个面向全球的媒体中心。除电视台和广播以外,还应该创办一家出版社,出版一些面向海外读者的外文书籍、外文报纸和外文期刊。

澳门如何参与第三方市场合作?

"第三方市场合作"的提法由来已久。据我所知,早在 2002 年,西班牙学者巴勃罗·布斯特洛就在一篇论文中讨论了西班牙—拉美—亚太地区三方合作的前景。

2005 年 7 月,时任西班牙首相萨帕特罗在访问中国时表示,西中两国拥有很多共同利益。中国对拉美感兴趣,拉美也对中国感兴趣,西班牙与拉美国家有深厚的历史渊源,西班牙愿意帮助中国进入拉美,扩大与中国的合作领域。他还透露,西中两国外交部将成立一个共同工作小组,帮助中国参与拉丁美洲的经济合作,共同促进拉美的发展、和平与稳定。同年 11 月 13 日至 15 日,时任中国国家主席胡锦涛对西班牙进行国事访问。访问期间,两国发表了联合公报。这一公报指出:"双方还表达了将在全球其他地区,尤其是拉丁美洲地区加强合作的坚定意愿。"

2015 年 6 月,国务院总理李克强访问法国期间,两国政府发表了《中法关于第三方市场合作的联合声明》。自此之后,中方在多个场合提到第三方市场合作。

第三方市场合作是全球化的产物,是南北关系、南南关系不断发展的结果,也是全球价值链不断完善、垂直分工和水平分工日益深化的必然要求。因此,第三方市场合作的优势是不言而喻的。

当然,第三方市场合作绝非易事。任何一个经济体,无论是澳门这样的特别行政区还是享有主权的国家,能否推动或参与第三方市场合作,取决于两大因素:一是政治愿望,二是经济条件(即市场、资本、技术和资源等方面的比较优势)。

澳门参与第三方市场合作的政治愿望是强烈的。但就经济条件(比较优势)而言,澳门面临的机遇和挑战是同时存在的。例如,虽然澳门拥有雄厚的资本实力,市场开放度高,但它的经济结构单一(博彩业处于绝对的垄断地位),市场规模狭小,资源匮乏,技术优势不明显。

由此可见,在参与第三方市场合作的过程中,澳门既不能妄自菲薄,也不能沾沾自喜。而且,第三方市场合作的机遇是不会从天而降的,必须主动出击,千方百计地寻求各种各样的机遇,甚至要敢于"试错"。

基于上述认识,澳门在参与第三方市场合作时,要把握两个方面的基本原则:一是要确定有利于发挥自身比较优势的合作领域,二是要选择较为理想的合作对象。

如前所述,澳门的比较优势是拥有雄厚的资金实力。因此,在确定合作领域时,要着眼于资本密集型项目,甚至还可考虑那些直接有利于澳门成为又一个国际金融中心的合作领域。

澳门在参与第三方市场合作时提供的必不可少的资金来源,当然应该是多元化的:既可来自澳门特区政府,也应来自私人部门。此外,澳门还可利用参与第三方市场合作的良机,加快建立"政府财富基金"的速度。

作为中国与葡语国家经贸合作论坛常设秘书处的所在地,澳门在推动第三方市场的合作时,不必"另起炉灶",而是应该优先考虑葡语国家。与有关方面为中国与葡语国家经贸合作论坛投入的各种资源(包括外交资源)相比,该论坛的成就很难说是令人满意的,澳门自身的作用也未必是令人满意的。因此,澳门如能利用这一论坛参与第三方市场合作,或许会对该论坛的功能和作用做出更大的贡献,使自己成为一个实实在在连接中国与葡语国家的"桥梁"。

当然,重视葡语国家并不意味着应该轻视其他国家。事实上,在当今的全球化和信息化时代,拘泥于某一论坛(或少数几个国家)必然会束缚自己的手脚。

总而言之,澳门的作用不容低估。澳门既要积极参与第三方市场合作,又要将自己打造成 21 世纪海上丝绸之路的"节点";既要不折不扣地落实内地与香港、澳门特别行政区签署的《关于建立更紧密经贸关系的安排》(CEPA),又要搞好横琴粤澳深度合作区;既要不断完善世界休闲旅游中心,又要进一步优化区域商贸服务平台;既要成为连接中国与葡语国家的桥梁和纽带,又要张开双臂迎接大湾区建设;既要努力实现经济的适度多元化,又要实施与内地的多个省份加强合作,如泛珠合作、粤澳合作、闽澳合作、桂澳合作及京澳合作,等等。

澳门尚未罹患"荷兰病"

有人说,澳门曾受葡萄牙的殖民统治,却已罹患"荷兰病"。

"荷兰病"一词确实与荷兰有关。20 世纪 60 年代,荷兰开始出口天然气。随着出口量的上升,天然气出口收入快速增长。但是天然气带来的不仅仅是源源不断的财富,还有一系列不利于国民经济结构正常运转的副作用:天然气出口收入的急剧增长提高了荷兰盾的汇率,从而使制造业部门在面对外部竞争时处于不利的地位,而工业生产的下降又导致失业率上升。这种由初级产品出口收入的剧增所导致的不良后果被称为"荷兰病"。1977 年 11 月 26 日的英国《经济学人》最早使用了这一说法。

诚然,澳门的经济结构不尽完美,因为它过度依赖第三产业,而且博彩业是第三产业的主体。但是我们不能据此而认为澳门患了"荷兰病",得出这一结论的依据主要包括以下三点:

一是"病灶"不同。如同医治人体的疾病那样,正确判断"病灶"是十分重要的。当年荷兰罹患的"荷兰病",其"病灶"是初级产品部门,而澳门经济问题的核心是博彩业过于发达,使其他经济部门相形见绌,从而形成畸形的经济结构。

二是"病理"不同。在当年的荷兰,天然气出口收入的快速增长导致荷兰盾升值。汇率的不利变化影响了工业制成品出口,从而使第二产业一蹶不振,失业率居高不下,最终使整个国民经济陷入困境。在澳门,博彩业的繁荣并没有使澳门元的汇率发生明显的变化。此外,由于澳门制造业的比重微乎其微,因此第二产业受澳门元汇率变化的负面影响也是不足挂齿的,澳门的失业率并不高。

三是"病症"不同。在当年的荷兰,天然气出口收入的快速增长导致的是制造业停滞不前及失业问题日趋严重。事实上,在20世纪70年代,荷兰的整个国民经济遭受了意料不到的困难。在澳门,迄今为止,我们尚未发现其经济已跌入泥潭的迹象。毋庸置疑的事实是,澳门经济在博彩业的推动下正在快速发展。即便在可预见的将来,只要博彩业能发挥强大的"引擎"效应,澳门经济必然会继续莺歌燕舞。

综上所述,就荷兰病的"病灶""病理"和"病症"而言,澳门并没有患上"荷兰病"。因此,说澳门患上了"荷兰病"是有失公允的。

在经济学教科书中,丰富的自然资源被誉为上帝的"恩赐",但是如果政府不能很好地利用这一"恩赐",自然资源就会变成上帝的"诅咒"。"荷兰病"无疑是"诅咒"的必然下场。

否认澳门经济已罹患"荷兰病"并不意味着澳门的经济结构是完美无缺的。在一定程度上,正是因为澳门的经济结构是畸形的,所以中央政府和澳门特区政府已提出了"适度多元化"的口号。

应该指出的是,在追求"适度多元化"的过程中,澳门不能放弃其博彩业这一比较优势。大洋彼岸的阿根廷在19世纪末曾是世界富国之一,今天的经济实力却变得十分薄弱。换言之,在一个多世纪内,阿根廷不仅没有前进,反而倒退了。其原因是多方面的,其中之一就是片面追求产业结构多元化而放弃自身的比较优势。

澳门如何实现"适度多元化"是一个见仁见智的问题。澳门的第一产业和第二产业名存实亡,因此,"适度多元化"实际上是指第三产业的多元化。

　　在澳门如何实现第三产业多元化这个问题上,我们似乎应该明确以下两个问题:一是博彩业在经济总量中的比重降低到多少才可被视为实现了"适度多元化";二是在追求"适度多元化"的过程中如何根据澳门的特点,扬长避短,准确地选择能够推动经济增长的第二个或第三个"引擎"。

　　根据澳门特区政府公布的数据,2013年,澳门的第三产业和博彩业在经济中的比重分别为96%和63%;2019年,第三产业的比重基本没有发生变化,但博彩业已下降到51%。这似乎说明,"适度多元化"已初见成效。

国际关系

国际关系中的信任

　　信任是维系人与人之间良好关系的必要条件。如果没有信任，朋友之间、亲人之间都会出现难以预料的不良后果。经济活动也必须以信任为基础。如果没有信任，消费者会上当受骗，商人会因失信而蒙受经济损失。

　　美国学者弗朗西斯·福山在其《信任：社会美德与创造经济繁荣》一书中强调，信任是社会美德和经济繁荣的基础，而且信任还能降低多种多样的交易成本。例如，他认为，在信任程度低的国家，可以信任的人的范围只能局限于家庭或家族内部，因此大规模的企业就无法形成；在信任度高的国家，企业的管理权和继任权可以交给血缘关系以外的人，从而为扩大企业规模创造了条件。

　　国际关系理论中的"安全困境"（security dilemma）实际上就是由信任缺失导致的。在 A 国为了保障自身安全而采取强化国防等措施后，B 国会认为自己的安全受到了影响，尽管 A 国未必真的会对 B 国实施军事打击行为。B 国为什么会害怕 A 国？重要原因之一就是缺乏信任。

　　信任既是人与人之间和睦相处的前提，也是国与国之间和平共处的基础。习近平主席将信任视为"国际关系中最好的黏合剂"，只有在信任的基础上才能构建起命运与共的全球伙伴关系。

在将近半个世纪的冷战中,美苏双方使用了各种各样的旨在遏制对方的手段。冷战的起因是多方面的,其中之一就是美国和苏联两个超级大国缺乏相互信任。

在一定意义上,中美关系的不良变化也与缺乏信任有关。美国不相信中国的和平发展,不相信中国提出新型大国关系的良好用意,并为了遏制中国的发展而力图与中国"脱钩"。

破解信任赤字,需要各国相互尊重、互商互谅。当前,由于国际竞争激烈、地区博弈不断,国际社会的信任与合作受到侵蚀。在这种情况下,我们更需要把相互尊重挺在前头。在国际关系中,相互尊重就要坚持求同存异,尊重各国人民自主选择发展道路的权利,不把自己的意志强加于人,不能恃强凌弱,更不能干涉别国内政。在丰富多彩的大千世界中,不同国家有不同的现实情况。只有在相互尊重的基础上加强对话协商,才能增进互信、减少猜疑。那种唯我独尊、赢者通吃的做法,无疑会破坏信任与合作。国家间坚持求同存异、聚同化异,不断扩大利益汇合点,就能更好发挥各方优势和潜能,实现合作共赢。

正确义利观是增进信任的重要理念。"以势交者,势倾则绝;以利交者,利穷则散;唯以心相交,方成其久远。"中华文化倡导"君子义以为上","国不以利为利,以义为利"。这样一种"以义为先、义利兼顾"的义利观,有助于增强人与人、国与国之间的信任。在国际关系领域,中国坚持正确义利观,倡导国际关系民主化,不以牺牲别国利益为代价来发展自己,得到了越来越多国家的认同。中国提出构建人类命运共同体、构建新型国际关系,推动共建"一带一路",这些理念和实践丰富了新形势下多边主义的内涵,为增进国与国之间的信任做出了重大贡献。

恪守国际承诺、遵守国际规则,是增进信任的重要方面。作为负责任的大国,中国始终是世界和平的建设者、全球发展的贡献者、国际秩序的维护者。中国始终严格遵守国际规则,履行国际义务,体现了大国担当、大国信用。同时,中国主动参与国际规则制定。中国倡导的新机制、新倡议,不是为了另起炉灶,更不是为了针对谁,而是对现有国际机制的有益补充和完善,目标是实现合作共赢、共同发展。

破解信任赤字,还需要加强不同文明之间的交流对话。在人类社会发展史上,先后出现了多种多样、各具特色的文明。每一种文明都有其独特魅力和深厚底蕴,都是人类的精神瑰宝。因此,不同文明要取长补短、共同进步,而不能居高临下,以傲慢和偏见对待其他文明。文明因交流而多彩,文明因互鉴而丰富。文明交流互鉴能够加深相互理解和彼此认同,让各国人民相知相亲、互信互敬。应让文明交流互鉴成为增进各国人民友谊的桥梁、推动人类社会进步的动力、维护世界和平的纽带,推动全球治理取得更大成就。

最后应该指出的是,为了构建国际关系中的信任,各方都应该作出努力。例如,中国为增进与美国的信任而提出了构建新型大国关系等美好的建议,但美国并不认同。因此,中美关系不断恶化也就不足为怪了。

基辛格的这一建议或许是正确的:与减少贸易赤字相比,中美两国更应该努力减少信任赤字。

冷战结束后世界发生了什么变化？

1991 年初，我曾在莫斯科逗留过一个多月的时间。虽然当时的苏联正处于严重的经济危机之中，但我根本没有预料到苏联会解体。事实上，在国内外学术界，几乎没有一个人能精准预料到苏联这个超级大国会消失。

1991 年 12 月 8 日，俄罗斯、白俄罗斯、乌克兰三个加盟共和国领导人在别洛韦日签署《独立国家联合体协议》，宣布组成"独立国家联合体"。12 月 21 日，除波罗的海三国和格鲁吉亚外的苏联 11 个加盟共和国签署《阿拉木图宣言》和《关于武装力量的议定书》。12 月 26 日，苏联最高苏维埃共和国院举行最后一次会议，宣布苏联停止存在。

时隔多年后，被许多俄罗斯人视为导致苏联解体的"罪魁祸首"的戈尔巴乔夫认为，他在任时推行的改革政策为美国等西方国家与苏联开展友好合作奠定了基础，但是西方却怀着胜利者的心态，未能向苏联提供援助，并且兴奋地坐视苏联土崩瓦解。他说："他们（西方）兴奋地摩拳擦掌，说'太好了，我们几十年来都想着怎么对付苏联，现在它自己吃掉了自己'。"

有人说，1989 年 11 月 9 日柏林墙的倒塌意味着冷战结束，但也有人认为，苏联的解体才是冷战结束的标志。且不论哪一种说法更

合理,可以肯定的是,冷战的结束使世界进入了一个新的发展阶段。这一阶段的特点是:

第一,经济全球化趋势不断发展。马克思和恩格斯早在一个多世纪以前就说过:"资产阶级,由于开拓了世界市场,使一切国家的生产和消费都成为世界性的了。……新的工业的建立已经成为一切文明民族的生命攸关的问题;这些工业所加工的,已经不是本地的原料,而是来自极其遥远的地区的原料;它们的产品不仅供本国消费,同时也供世界各地消费。旧的、靠国产品来满足的需要,被新的、要靠极其遥远的国家和地带的产品来满足的需要所代替了。过去那种地方的和民族的自给自足和闭关自守状态,被各民族的各方面的互相往来和各方面的互相依赖所代替了。物质的生产是如此,精神的生产也是如此。各民族的精神产品成了公共的财产。民族的片面性和局限性日益成为不可能……"冷战结束后,马克思和恩格斯描述的那种"世界性",在某种程度上亦即今天人们所说的经济全球化,越来越成为一股不可抗拒的潮流。

诚然,反全球化情绪从未绝迹,近几年甚至更为嚣张,但是经济全球化趋势不断发展是一个不争的事实。正如习近平在世界经济论坛 2017 年年会开幕式上所指出的那样:"经济全球化是社会生产力发展的客观要求和科技进步的必然结果,不是哪些人、哪些国家人为造出来的。经济全球化为世界经济增长提供了强劲动力,促进了商品和资本流动、科技和文明进步、各国人民交往。"

第二,非传统安全面临着越来越严峻的挑战。非传统安全是相对传统安全而言的,囊括与战争无关的安全领域。随着全球化的发展,全球问题也越来越多,非传统安全面临的风险越来越大。新冠疫情、气候变化、金融危机、网络犯罪及恐怖主义等全球问题,都使非传统安全面临巨大的挑战。

国际关系

强化非传统安全、应对全球问题的最佳方法就是推动全球治理。由于世界上的每一个国家都是全球问题的受害者,因此每一个国家都应该积极参与全球治理。令人遗憾的是,作为世界上唯一的超级大国,美国在推动全球治理的过程中未能发挥重要作用。

第三,科技革命日新月异。以互联网为核心的新一轮科技革命来势汹汹,为产业革命、人工智能、数字化、自动化和网络化的应运而生创造了条件。科技革命是科学技术在发展和升华的过程中发生的根本性的、革命性的、质的进步。这一革命具有极大的冲击力,已经并将更加有力地为人类社会带来难以估量的影响。这一影响既会引发世界经济政治格局出现深刻的调整,也会改变国家竞争力在全球的位置;既会颠覆现有很多产业的形态、分工和组织方式,也会改变国与国之间的关系及人与世界的关系。

应该注意到,科技革命的加速发展并未缩小大多数发展中国家与发达国家在科技领域的差距。例如,科技创新需要巨额资金和大量优秀的人才。但在财力和人力两个方面,大多数发展中国家缺乏优势。因此,虽然一些新兴经济体在科技创新领域取得了显著的成就,但大多数发展中国家与发达国家的差距在扩大却是一个不争的事实。国际上的许多学者认为,在可预见的将来,南北关系中的"数字鸿沟"(digital divide)不会缩小,而是将继续扩大。

第四,新兴经济体的国际地位显著上升。2017年2月,普华永道会计师事务所发布了题为《2050年的全球经济秩序》的报告。该报告预测,至2050年,世界经济的重心将从发达国家转向新兴经济体。届时,中国、印度、印度尼西亚、巴西、俄罗斯和墨西哥将跻身全球十大经济体的排行榜。且不论这一预测能否成为现实,毋庸置疑的事实是,新兴经济体的地位早已今非昔比。

在国际政治领域,多极化趋势势不可挡、飞速发展,形成所谓一超多强的格局。在这一格局中,一方面,发展中国家的地位不断上升,从而为推动南北关系的发展创造了条件;另一方面,发展中国家终于摆脱了在美苏争霸的"夹缝"中求生存的被动局面,从而能灵活地实施较为独立的外交政策。

综上所述,冷战后世界上发生的种种变化,在一定程度上就是百年未有之大变局的组成部分。这一时代背景为中国的发展前途带来了机遇和挑战。中国人民实现了第一个百年奋斗目标,在中华大地上全面建成了小康社会,历史性地解决了绝对贫困问题,正在意气风发地向着全面建成社会主义现代化强国的第二个百年奋斗目标迈进。

"新冷战"爆发了吗?

1945 年,71 岁的丘吉尔卸任英国首相。翌年 1 月 14 日,无官一身轻的他抵达美国,在那里见朋友、写作、画画、游泳,有时还思考战后世界格局。3 月 5 日,他在美国总统杜鲁门的陪同下抵达密苏里州富尔顿,在杜鲁门的母校威斯敏斯特学院发表了题为《和平砥柱》的演说。丘吉尔说:"从波罗的海的什切青到亚得里亚海的的里雅斯特,一幅横贯欧洲大陆的铁幕已经降落下来。在这条铁幕线的后面,坐落着中欧和东欧古国的都城:华沙、柏林、布拉格、维也纳、布达佩斯、贝尔格莱德、布加勒斯特和索菲亚。所有这些名城及其居民无一不是处在我称之为苏联势力范围的地方。这些地方不仅以这种或那种形式屈服于苏联的势力影响,而且还受到莫斯科日益增强的高压控制。只有希腊的雅典放射着它不朽的光辉,在英、美、法三国的观察下,自由地决定它的前途。受苏联支配的波兰政府在前者怂恿之下以错误的手法侵占德国的大片领土,并正在以可悲而难以置信的规模把数以百万计的德国人成群地驱逐出境。在所有这些东欧国家,原本弱小的共产党已经上升到同它们党员人数远不相称的主导权地位。警察政府几乎在到处都占了上风。到目前为止,除了捷克斯洛伐克,该地区根本没有真正的民主。"

丘吉尔的这个后来被称作"铁幕演说"的讲演象征着冷战的开

始。在冷战中,为了击败对手,美国和苏联使用了除直接的武力对抗以外的所有手段。

苏联的解体意味着冷战结束。美国认为西方取得了冷战的胜利,但也有许多人认为,苏联解体不是"他杀",而是"自杀",或是"他杀"和"自杀"的必然结果。

特朗普入主白宫后,美国打压俄罗斯、遏制中国的野心昭然若揭。俄罗斯和中国的反抗使双方的分歧和对峙越来越明显。因此,许多人认为,"新冷战"爆发了。

应该指出的是,中方坚决反对"新冷战"。例如,2021 年 1 月 25日,中国国家主席习近平在北京以视频方式出席世界经济论坛"达沃斯议程"对话会时说,在国际上搞"小圈子""新冷战",排斥、威胁、恐吓他人,动不动就搞"脱钩"、断供、制裁,人为造成相互隔离甚至隔绝,只能把世界推向分裂甚至对抗。2020 年 8 月 5 日,中国国务委员兼外交部部长王毅接受新华社专访时表示,中国坚决反对人为制造所谓"新冷战",因为这完全违背中美两国人民的根本利益,完全背离世界发展进步的潮流。如果谁要在 21 世纪的今天挑起所谓"新冷战",那他就站到了历史前进的对立面,就是国际合作的最大破坏者,就必将被钉在历史的耻辱柱上。2020 年 8 月 13 日,时任中国驻美国大使崔天凯在同二十余名美国学者及有关人士就中美关系举行视频交流时指出,"新冷战"的发起者必须仔细掂量自己将付出的代价,以及给世界带来的灾祸。"钟为谁鸣",将来会有算账的一天。

美国是如何看待"新冷战"的?2021 年 5 月 3 日,美国国务卿布林肯在伦敦接受了英国《金融时报》记者的采访。记者问:"许多人在谈论'新冷战',并说我们已经进入了'新冷战',并把(中国)与苏联比。你会不会把当前的形势描述为'新冷战'?"布林肯答道:"我不愿意把这一标签贴在大多数国与国的关系上,包括这个关系(中美关系)。……我在看中美关系时,我看到了敌对的一面、竞争的一面和合作的一面。三个方面都有。"美国国务院的网站上公布了这一采访的全文。

虽然中美两国的官方否认或反对"新冷战",但国际上谈论"新冷战"的人为数不少,中国学者也热衷于讨论这个问题。

其实,在讨论"新冷战"时,首先应该给出其定义。但是迄今为止,没有人提出公认的定义。

如果说当年的冷战就是美苏两个超级大国在各个领域的"脱钩"和对峙,那么今天中美两国根本不可能"脱钩"。尤其是在经济领域,两国的相互依存度依然很高,尽管美国同中国之间的贸易摩擦使双方都受到了损失。因此,在一定意义上,"新冷战"已经爆发,完全是一个伪命题。

当然,我们并不否认这一事实:美国对中国和俄罗斯的遏制从未停歇。因此,我们关心的不是"新冷战"是否已经爆发,而是如何应对美国的遏制。

应对美国的遏制,最有效的方法就是把怨恨转换为力量,把我们的国家建设得更为强大,尽快在科技领域更上一个台阶。

美国著名学者约翰·米尔斯海默曾在接受中国媒体的采访时说:"如果中国经济和军事实力能在三十年内远远超过美国,那么美国很可能学习英国19世纪的做法,接受中国主导亚洲的现实。但我要说的是,在那一天到来之前,美国将全力遏制中国。"

从一定意义上讲,每一个中国人都应该记住米尔斯海默的话。

中美关系向何处去?

大国在国际舞台上发挥着举足轻重的作用,因此,大国关系的走向及融洽的程度对国际事务会产生重大的影响。虽然国际上对"大国"的定义多种多样,莫衷一是,但是可以断言,中美关系是当代国际关系中最重要的大国关系之一。

中美关系的重要性为美国学者发挥其丰富的想象力提供了机遇。2007年,美国学者尼尔·弗格森将China(中国)与America(美国)合为一体,创造了"Chimerica"(中美国)这一新的英语单词。他认为,"中美国"主要是指世界上最大的消费国美国与世界上最大的储蓄国中国构成一个利益共同体。翌年,美国学者弗雷德·伯格斯滕提出了"中美共治"(G2,亦称"两国集团")这一与"Chimerica"异曲同工的概念。他认为,中美两国应该携手合作,在全球经济事务中发挥主导作用。

中方不接受上述概念。如在2009年5月20日,时任中国国务院总理温家宝在捷克首都布拉格出席第十一次中欧领导人会晤时说:"中国坚持独立自主的和平外交政策,奉行互利共赢的开放战略,愿意同所有国家发展友好合作关系,绝不谋求霸权。一两个国家或大国集团不可能解决全球的问题,多极化和多边主义是大势所趋,人心所向。有人说,世界将形成中美共治的格局,这是毫无根据的,也是错误的。"

应该指出的是,虽然中方不接受"中美国"和"中美共治",但是对于中美关系的重要性,中方的表态和立场是始终如一的。如在2014年7月9日,中国国家主席习近平在第六轮中美战略与经济对话和第五轮中美人文交流高层磋商联合开幕式上的致辞中指出:"中美合作可以办成有利于两国和世界的大事,中美对抗对两国和世界肯定是灾难。在这样的形势下,我们双方更应该登高望远,加强合作,坚持合作,避免对抗,既造福两国,又兼济天下。"

众所周知,国际关系中有一条无法忽视的定式,即必须相互尊重对方的核心利益。否则,两国关系必将充满纷争和对抗,中美关系的发展同样遵循这一定式。

中国政府发表《中国的和平发展》白皮书界定了中国核心利益的范围:国家主权、国家安全、领土完整、国家统一、中国宪法确立的国家政治制度和社会大局稳定,以及经济社会可持续发展的基本保障。令人遗憾的是,美国并非时时刻刻尊重中国的上述核心利益。

为了推动中美关系,中方提出了新型大国关系的概念。根据习近平主席的解释,中美新型大国关系的内容,一是不冲突、不对抗,二是相互尊重,三是合作共赢。奥巴马政府在迟疑和犹豫一段时间后,接受了这一概念。但是在奥巴马2014年11月赴北京出席亚太经合组织领导人非正式会议并第二次访华前夕,一些美国学者要求奥巴马抛弃中美构建"新型大国关系"的提法。还有一些美国人质疑奥巴马总统与习近平主席的私人关系,认为这一关系根本不如习近平主席与普京总统的关系那样密切。这样一种认知无疑是极为有害的。

美国似乎没有明确表达过其核心利益,但从美国领导人和学者的言论中可以看出,美国的核心利益无非是捍卫其推崇的西方民主价值观、减少贸易失衡和维护美国在国际舞台上的霸权地位。

中国尊重美国的核心利益,甚至在必要时会做出一些让步。众所周知,早在1979年,邓小平就指出,中美两国人民的利益和世界和平的利益要求两国从国际形势的全局出发,用长远的战略观点来看待中美关系。今天,中美两国经济总量占世界三分之一、人口占世界四分之一、贸易总量占世界五分之一。这意味着,双方都应该把对方置于本国外交战略的"重中之重"。中美两国利益深度交融,相互依存度不断上升。中美两国合则两利,斗则俱伤。

中国宋代文学家苏轼说过:"来而不可失者,时也;蹈而不可失者,机也。"中美两国建交已有四十多年,虽然战略共识有待加强,但相互认知的程度在不断提高。这无疑是可喜可贺的。

过去,中美两国学者有这样一个共识:中美关系好也好不到哪里去,坏也坏不到哪里去。近几年美国对中国的全方位的打压以及中国的反抗,似乎说明:中美关系不会好到哪里去,坏则坏到不知哪里去。

那么中美关系会坏到哪里去?

一个中国原则是中美关系的政治基础,是不可逾越的红线。中国政府在台湾问题上没有妥协余地,没有退让空间。换言之,如果美国胆敢挑衅或跨越这个红线,后果不堪设想。

美国前国务卿基辛格被誉为中国人民的老朋友。尽管他也就中美关系说过一些"酸溜溜"的话,但是总的说来,他对中美关系的判断是颇有见地的。例如,他曾说过:"中美这两个超级强国在经济、军事和技术实力的结合上所带来的风险,要大于当年与苏联的冷战产生的风险。……美国和中国的紧张关系可能影响全球,甚至使得这两个军事和科技大国之间爆发可能导致'世界末日'(Armageddon)的大决战。"他甚至认为,美国与中国的紧张关系是"美国的最大问题,也是世界的最大难题"。

但愿基辛格担忧的情况不要发生。

软实力是什么力量？

软实力是美国学者约瑟夫·奈在 1990 年提出的一个概念。他说："如果对方既没有受到明显的威胁，也没有参与任何交易，而是在一种可知而不可见的吸引力的作用下，不知不觉地走到与你一致的道路上，那么这就是软实力在发挥作用了。"由此可见，硬实力和软实力的行为方式大相径庭。软实力是一个国家依靠自身的魅力和吸引力，而非通过军事手段或经济制裁等强硬手段来达到目的的能力。这意味着，一个国家完全可以通过发挥软实力的优势，得到他国的追随和支持，从而在国际事务中实现其追求的目标。

根据他的论证，一个国家的力量主要来自三种方式：施加军事上的压力（大棒）、提供经济上的实惠（萝卜），以及软实力。

硬实力的强弱可用多种量化的指标衡量，而软实力的强弱则主要取决于主观上的判断。换言之，虽然软实力的强弱是一种客观存在，但是受多种主观因素的影响，不同的人对一国软实力的判断是各不相同的。因此，中国在强化自身软实力建设的过程中，有必要进一步重视话语权和话语力的重要作用。

国际上对中国软实力的评价多种多样。一家名为"波特兰传媒"（Portland Communications）的英国公共关系公司以所谓"客观的变量"和国际上的一些民意调查的数据为基础，列举了软实力最强的 30 个国家。根据其《2019年全球软实力排行榜》，前五名分别是法国、英国、德国、瑞典和美国，中国排名第27位。

约瑟夫·奈认为，中国的软实力有很大的局限性，因为中国的民族主义情感强盛，而且中国不愿意利用公民社会的优势。他还说，中国为提升"温柔的进攻力"（charm offensive）而花费巨资，但成效未必显著。他认为，在北美洲、欧洲、印度和日本等地进行的民意测验表明，人们对中国影响力的印象都是负面的。美国乔治·华盛顿大学的沈大伟认为，虽然中国的经济实力和军事实力在上升，但其软实力则微不足道。他还指出，软实力是无法用金钱买来的，而是必须靠争取得来的。英国皇家国际问题研究所的罗宾·尼伯雷特认为，软实力反映的是一个国家的亲和力，因此也是它吸引外国移民的能力。世界上没有多少人愿意移民到中国。这足以说明，中国的软实力与其引人注目的经济增长和军事实力相比是相形见绌的。英国伦敦政治经济学院的安德鲁·哈蒙德认为，中国领导人面临的当务之急是如何强化中国的软实力，即如何用魅力，而非胁迫和金钱来获得其他国家的欢心和影响力。中国的软实力大大落后于以不断增长的经济力量和军事力量为基础的硬实力。这一"软实力赤字"是一个"令人头痛"的问题，因为国际上对中国的忧虑、疑心和敌意与日俱增。

但也有不少人认为，中国的软实力不容低估。例如，南非比勒陀利亚大学教授高思·勒佩里认为，中国的软实力快速增强。尤其在非洲的许多地方，中国的软实力甚至可与发达国家媲美。这与中国为非洲的发展做出的巨大贡献有关。巴西应用经济研究所国际部主任里纳托·鲍曼认为，在巴西和其他一些拉美国家，凡是了解中国的学者都认为，中国的软实力之强是无可置疑的，而轻信西方媒体的人则认为中国毫无软实力可言。墨西哥国立自治大学教授阿图罗·奥洛佩萨·加西亚认为，中国的软实力很强，因为源远流长的中华文明在世界文明的宝库中占有十分显赫的地位。此外,中国经济的快速发展也促进了软实力的上升。印度观察家研究基金会主席苏德辛德拉·库卡尼认为,中国经济实力的增强和中国文化的魅力,促使中国的软实力与日俱增。美国卡内基国际和平基金会的约舒亚·科兰兹克也认为,中国的国际形象和影响力正在发生变化。导致这一变化的原因是多方面的,其中之一就是中国的软实力在上升。

需要指出的是,在中国的话语体系中,我们较多地使用"文化软实力"这一提法,而非仅仅"软实力"。

提高国家文化软实力,是中国共产党和中国政府的一项重大战略任务。早在 2013 年 12 月 30 日,习近平就在中共中央政治局第十二次集体学习时指出,提高国家文化软实力,要努力提高国际话语权。要加强国际传播能力建设,精心构建对外话语体系,发挥好新兴媒体作用,增强对外话语的创造力、感召力、公信力,讲好中国故事,传播好中国声音,阐释好中国特色。对中国人民和中华民族的优秀文化和光荣历史,要加大正面宣传力度,通过学校教育、理论研究、历史研究、影视作品、文学作品等多种方式,加强爱国主义、集体主义、社会主义教育,引导我国人民树立和坚持正确的历史观、民族观、国家观、文化观,增强做中国人的骨气和底气。

将文化软实力与做中国人的骨气和底气联系在一起,充分说明了软实力的重要性。

与中国"脱钩"是美国的一厢情愿

"脱钩"这一提法由来已久。早在 20 世纪 60 年代,在国际学术界走红一时的"依附论"(Dependency Theory)就提出了"脱钩"。这一理论认为,发展中国家贫困的根源是发达国家对发展中国家的剥削,因为前者在资本、市场和技术等方面严重依附于后者。因此,为了摆脱这一剥削,发展中国家应该与发达国家"脱钩"。毫无疑问,这一想法是行不通的。事实上,一些"依附论"学者后来也被迫放弃这一"馊主意"。

进入 21 世纪后不久,虽然发达国家经济在走下坡路,但新兴经济体却相反,经济能保持较高的增长率。尤其是发展中国家中的佼佼者(即新兴经济体)脱颖而出,成为一道"亮丽的风景线"。换言之,虽然发达国家经济"打喷嚏",新兴经济体却不再"感冒"了,两者的走势是"脱钩"了,不是亦步亦趋了。

令人遗憾的是,这一"脱钩"(实际上是经济增长的走势分离)持续的时间不长。雷曼兄弟公司倒闭诱发的国际金融危机使发达国家和新兴经济体的经济增长率再次呈现出同步下降的态势,但"脱钩"一词似乎永远留在了人们的记忆中。

特朗普入主白宫后,美国对中国实施了全方位的遏制政策,大有不置之死地而不后快之虞。在经贸、人文及科技领域的交流和多边外交舞台上,美国彻底抛弃了合作共赢的理念,试图利用其多方面的优势切断或减少与中国的联系。美国的这一做法被学术界和媒体视为"脱钩"。此"脱钩"既不同于"依附论"所倡导的"脱钩",也不同于发达国家与新兴经济体在经济增长率走势方面的"脱钩"。

英国《金融时报》(2020年6月8日)发表的一篇题为《疫情使新兴经济体相互脱钩》的文章,提出了"脱钩"的又一个定义。这篇文章认为:"多年来,人们一直在谈论新兴市场与发达市场脱钩。新冠疫情表明,大家的观点可能错了。在与发达市场脱钩之前,新兴经济体有必要彼此脱钩。"

新兴经济体为什么要彼此"脱钩"? 这一文章的观点是:第一,不同的新兴经济体应对疫情的方式方法及成效大不相同,因此,它们在疫情后面临的经济复苏也不尽相同;第二,新兴经济体都面临着三大风险(债务违约、财政赤字庞大和国际市场的需求在下降),但其应对这些风险的方式方法及成效不一样。

由此可见,这篇文章所说的"脱钩",并不是指新兴经济体之间应该断绝往来或减少合作,而是指其应对不良的外部条件的方式方法和成效不同,从而使其在后疫情时期面临着不同的发展前景。这篇文章似乎在预测,疫情将加剧新兴经济体之间的分化。

作为最大的新兴经济体,中国的一言一行都是受人关注的。虽然《金融时报》的这篇文章提到了中国面临的多种挑战,但是中国的抗疫是被认可的。这篇文章写道,中国、韩国等成功地应对疫情,因此,它们在使社会和经济实现"正常化"的道路上走在其他新兴经济体的前面,而巴西、墨西哥、印度和南非等新兴经济体的复苏则可能会比较慢。

其实，"脱钩"论完全是一个伪命题。世界经济发展史早已表明，世界上众多经济体之间经济实力的对比出现此消彼长，是一种很正常的现象。在各种因素的作用下，有的国家可能会落伍，有的国家可能难以长期独领风骚，有的国家则会快速发展，向世界经济大国或强国进军。

在短短的数十年时间内，中国从一个"一穷二白"的国家发展成为世界上的第二大经济体，创造了举世公认的经济奇迹。国际上的许多有识之士认为，中国在不远的将来必然会成为世界上最大的经济体。问题的关键是，当前世界经济舞台上的霸主是否愿意面对这一现实。

近几年，美国动用所谓"全政府"的力量，在经济上遏制和打压中国。这一事实充分说明，美国不会心平气和地接受中国的挑战。当然，美国这样做，虽能在一定程度上加大中国发展面临的难度，但也会损害美国自身的利益，正所谓损人不利己。须知，在全球化时代，合作共赢才是国际关系的发展规律。

中国经济的腾飞确实扩大了发展中国家（包括新兴经济体）之间的差距和分化，从而使世界经济格局发生了不容低估的变化。但是在可预见的将来，中国难以彻底改变其发展中国家的属性。

正如习近平所说的那样，人类生活在同一个地球村里，生活在历史和现实交汇的同一个时空里，越来越成为你中有我、我中有你的命运共同体，没有哪个国家能够独自应对人类面临的各种挑战，也没有哪个国家能够退回到自我封闭的孤岛。这一论断既暗示了

国际关系

63

"脱钩"论的问题所在,也昭示了中国与包括美国在内的所有国家合作共赢的决心。

应该指出的是,"依附论"所说的"脱钩"、新兴经济体与发达国家在经济增长率方面的"脱钩"和新兴经济体之间的相互"脱钩",仅仅是一种经济现象。而美国力图强加于中国的"脱钩",则会对世界格局产生不容低估的影响,甚至会阻碍人类社会进步的步伐。

美国的胁迫外交能否得逞？

2021年7月26日，中国外交部副部长谢锋在天津同美国常务副国务卿舍曼会谈时表示，中国文化主张己所不欲、勿施于人，从无霸权基因、扩张冲动，从不胁迫任何国家。面对外来干涉，中方采取的是合理合法的反制，捍卫的是国家正当权益，维护的是国际公平正义，从未跑到别人门口挑事，从未将手伸进别人家里，更没占领过别国一寸土地。胁迫外交的发明权、专利权、知识产权，都非美国人莫属，是美国大搞单边制裁、长臂管辖、干涉内政。美方所谓"从实力地位出发与别国打交道"，本质就是仗势欺人、恃强凌弱、强权即公理，是彻头彻尾的胁迫外交。

《环球时报》发表的评论文章指出："中国社会对美方的霸道受够了，我们也对中美在可预见未来内实质性改善关系不再抱幻想，中国公众强烈支持国家在对美关系中捍卫民族尊严，坚决回击美方的各种挑衅，与它硬碰硬。"

何谓胁迫外交？不同的人有不同的定义，美国和平研究所网站在2003年8月8日刊载的一篇文章给出的定义简单明了：外交+肌肉。换言之，胁迫外交就是披着外交的外衣，依仗自身的军事实力和经济实力，用强硬手段迫使对手屈服。

作为当今世界唯一的超级大国，美国可以在任何时候对任何国

国际关系

65

家实施胁迫外交。胁迫的手段五花八门,应有尽有。甚至是那些与美国保持密切关系的国家,有时也会成为其胁迫外交打击的对象。如在 2021 年 4 月 25 日,丹麦《政治报》透露,美国驻丹麦使馆曾联系该报,要求其证明未使用包括华为、中兴、海能达、海康威视和大华科技在内的中国企业提供的路由器和调制解调器等技术设备,否则美使馆或将停止订阅该报。由此可见,是否订阅一份报纸也可以成为美国胁迫外交的要挟手段。

许多国家都是美国胁迫外交的受害者,其中最引人注目的就是古巴。

1959 年 1 月 1 日,菲德尔·卡斯特罗率起义军推翻了亲近美国的巴蒂斯塔统治,建立了革命政府。仅仅在一周后(1 月 7 日),美国就承认了卡斯特罗成立的古巴临时政府。同年 4 月,卡斯特罗以私人身份访问美国,同尼克松副总统讨论了两国关系等问题。但是,由于此后古巴采取的土改和其他一些改革措施伤害了美国资本在古巴的利益,因此,美国对古巴的立场立即发生了变化。

1961 年 4 月 16 日,卡斯特罗在一次集会上宣布,古巴革命是一场社会主义革命。4 月 17 日,美国雇佣军在美国飞机和军舰的掩护下,在古巴吉隆滩登陆,企图用武力推翻古巴政府。美国的阴谋当然没有得逞。

1962 年 2 月,美国开始对古巴实行全面的经济封锁(美国称之为贸易禁运)。这一制裁一直延续到今天,成为近代国际关系史上一个强国对一个弱国实行的持续时间最长的制裁,尽管联合国大会已29 次通过决议,要求美国解除对古巴实施的制裁。有人认为,美国的封锁每年使古巴蒙受 50 亿美元的经济损失。

除经济封锁以外,美国还在外交、军事和其他各个领域制裁古巴。尤为令人愤怒的是,美国甚至对卡斯特罗实施了 634 次暗杀,但都没有成功。

美国对古巴实施的胁迫外交无非是要古巴放弃走社会主义道路。诚然，在美国的制裁下，古巴的经济发展受到了很大的影响，但事实表明，美国的胁迫外交不可能得逞。

卡斯特罗曾说过："如果（美国）希望就古巴的民主、新闻自由和人权问题进行对话的话，我们愿意奉陪，但要在平等的条件下进行，因为我国不是殖民地，也不是属于任何人的土地，因此对话也要涉及美国的这些问题，我们是平等的。"劳尔·卡斯特罗的女儿玛丽拉·卡斯特罗认为，如果美国认为古巴在与美国实现双边关系正常化后古巴会搞资本主义复辟，那就表明美国在白日做梦。她认为："古巴不会沦为美国这个最强大的金融集团的霸权利益的奴隶国家。"

其实，美国对古巴实施的胁迫外交也使美国蒙受不小的经济损失，因为美国无法向古巴出口工业制成品和农产品，美国的旅游业也受害匪浅。

《美国保守派》杂志编辑丹尼尔·拉里森的评论颇有见地。他认为，特朗普政府的胁迫外交只有胁迫，没有外交，因为其外交仅仅是侮辱、制裁、关税和威胁。这样的外交除了导致美国外交的混乱和痛苦以外，一无所获。拉里森认为，与其说特朗普的外交是胁迫外交（coercive diplomacy），还不如说它是外交的胁迫（diplomacy of coercion）。

诚哉斯言。

全球化与全球治理

联合国秘书长的豪言壮语

2020年7月18日,联合国秘书长安东尼奥·古特雷斯在纪念南非反种族隔离斗士纳尔逊·曼德拉诞辰的活动上发表讲话。他在讲话中描绘了人类社会当前所处的困境,并提出了摆脱困境的方式方法。

古特雷斯说,人类与一种肉眼看不见的病毒作战,但"节节败退",这说明我们这个世界是多么脆弱。穷人、老年人、残疾人等弱势群体蒙受的伤害尤为显著, 显示出我们几十年来视而不见的问题:卫生体系和社会保护不足,而结构性不平等、环境恶化及气候危机等问题却久治不愈。仅仅在几个月的时间内,各个地区在消灭贫困和缩小不公平方面的成就变得荡然无存。由于疫情使经济活动(尤其是非正规部门和中小企业)受到极大的影响,因此我们正面临着第二次世界大战以来最严重的全球性萧条。这一萧条导致收入减少的幅度,是1870年以来最大的,因此一亿人将陷入极端贫困,前所未有的饥荒即将发生。

古特雷斯认为,新冠疫情表明,自由市场无法为所有人提供卫生保健。虽然我们都在大海上漂荡,但有人在超奢侈的游艇上,而其他人则只能仅仅用手抓住随波逐流的沉船的碎片。

古特雷斯还作了这样的判断:我们这个时代的特征就是不公平。他说:"世界上26个富人的财富与世界上一半人口拥有的财富一样多……我们经常听到这样一种说法,经济增长的浪潮能抬起所有船只,但在现实中,不平等却沉没了所有船只。"

古特雷斯认为,美国黑人弗洛伊德之死引发的反种族歧视运动充分说明,人们已经受够了结构性的不平等和种族歧视。关于不平等和种族主义的根源,古特雷斯谈到了两个方面:一是历史因素,历史上的殖民地在独立后只能生产原料和低技术产品,这是一种新殖民主义;二是男权政治,在世界上的很多地方,女性在政府、企业或家庭中都处于非常不利的地位。

古特雷斯呼吁,为了消除不平等,应该从改革国际组织开始。但他也指出,70 年前脱颖而出的国家不愿意为改变国际制度的权力关系而思考一下如何改革。例如,这些国家不愿意改革联合国安理会和布雷顿森林体系的构成及投票权。

为了消除人们对现实的不满和有力地应对新冠疫情,古特雷斯提出了设立一种"新社会契约"的设想。从他讲话的字里行间可以看出,"新社会契约"的核心内容是包罗万象的,其中尤为引人注目的是:

第一,大力发展教育和数字技术。他希望世界各国的政府能够确保每一个人能获得早期教育和终身教育,并在数字技术领域加大投资力度。他说,不久前联合国推出的"数字合作路线图"有望使今天不能上网的 40 亿人在 2030 年获得上网的机会。

第二,要重视公平的权利和公平的机会。政府、民众、公民社会、企业和社会的各个组成部分都应该参与"社会新契约"的实施,使就业、可持续发展和社会保护融为一体。

第三,要制定正确的劳工政策。为了改善工作环境,有必要通过设立雇员代表制的形式,在雇主与雇员之间建立一种富有建设性的对话机制。

第四，政府应该将税收的负担从工资转移到碳。这种做法既能增加产值和就业，也能减少碳排放，为应对气候变化做出贡献。

第五，要打破腐败与不平等之间的恶性循环。腐败浪费了本该用于社会保护的资金，削弱了社会规范和法治。

古特雷斯强调，"新社会契约"有助于落实联合国确定的"2030年可持续发展"议程，能使年轻人生活在尊严中，能使女性和男性面对同样的前景和获得同样的机遇，还能保护弱势群体中的每一个成员。

古特雷斯进而指出，目前的现实是，全球政治经济体系并未提供重要的全球公共产品（如公共卫生、气候行动、可持续的发展以及和平）。新冠疫情暴露了自私自利与公共利益之间悲剧性的脱节，也暴露了政府结构与道德框架之间的缺口。为弥补这一缺口，同时也是为了使社会契约成为现实，有必要建立一种"全球新政"。

古特雷斯认为，"全球新政"的基础应该包括公平的全球化、每一个人享有的权利和尊严、天人合一、我们的子孙后代，以及人的成功而非经济成功。他说，"全球新政"的核心内容就是对权力、财富和机遇进行重新分配，建立一种各国都能参与全球治理的新模式。如果不能建立这样一种新政，我们就会面临更严重的不公平以及更多的不团结。

应该指出的是，早在 2013 年，习近平主席就提出了人类命运共同体的理念。人类命运共同体就是"五个世界"：一个持久和平的世界、一个普遍安全的世界、一个共同繁荣的世界、一个开放包容的世界以及一个清洁美丽的世界。中共十九大报告呼吁："各国人民同心协力，构建人类命运共同体，建设持久和平、普遍安全、共同繁荣、开放包容、清洁美丽的世界。"在推动构建人类命运共同体的过程中，尤其在维护世界和平、促进世界繁荣、推动文明互鉴和倡导绿色发展等方面,中国也已做出了不容低估的贡献。

虽然古特雷斯的"新社会契约"和"全球新政"在思想高度上和现实意义中都不能与人类命运共同体理念相提并论,但是由于人类命运共同体是一个美好理想,也是一个难以一蹴而就的长远目标,因此,有助于实现这一目标的任何倡议,包括古特雷斯的"新社会契约"和"全球新政",都应该引起我们的重视。换言之,如果"新社会契约"和"全球新政"能够成为现实,那么这个世界就能在推动构建人类命运共同体的阳关大道上跨出一大步。

全球化趋势不会逆转

最近几年,诸如"全球化在倒退""全球化在逆转""全球化已死亡"或"全球化已走入死胡同"之类的论调时有所闻,甚至甚嚣尘上。这些观点的依据主要是特朗普上台、英国脱欧,以及新冠疫情导致全球范围内商品、资本和人员的流动受到影响。

在判断全球化的发展趋势时,如果仅仅依靠上述几个事实就得出那些简单化的结论,无疑会误入歧途的。

作为一种趋势,全球化不可能以一种永恒的加速度向前发展。根据"蝴蝶效应"的原理,世界上任何一个角落的任何一个事件或任何一种变化,都会影响全球化趋势向前推进的速度。因此,全球化趋势时快时慢是不足为怪的。

欧洲一体化进程是全球化趋势的重要组成部分。因此,英国脱欧会减缓欧洲一体化进程,从而损害全球化趋势的动力。但是英国脱欧并不意味着英国会奉行闭关锁国政策。作为世界上的第五大经济体和联合国安理会的常任理事国,英国还将是全球化的积极参与者,尽管参与的方式可能会有所变化。

特朗普在竞选时表示,他将为了"振兴美国"而对中国和其他一些国家的出口商品提高关税,不允许美国公司将就业机会转移到他国,禁止穆斯林移民进入美国,甚至要退出跨太平洋伙伴关系协定,等等。毋庸置疑,特朗普的上述言论如果成为现实,贸易保护主义会更加猖獗,国际资本的流动速度会放慢,人员流动也会受到不利影响。但是作为世界上唯一的超级大国,美国无法使自己与世隔绝,无法奉行彻头彻尾的"孤立主义",无法抛弃其经济对他国的依赖。无怪乎世界贸易组织前总干事帕斯卡尔·拉米问道:"特朗普有那么重要吗?"

确实,新冠疫情暴发后,全球范围内资本、商品和人员流动明显放慢,但这种影响不会是永远存在的。可以肯定,疫情结束后,资本、商品和人员流动还会恢复到原来的那种势不可挡的程度。

其实,除了看到不利于全球化发展趋势的负能量以外,我们还应该看到有利于推动全球化的正能量,而且这种正能量是来自多方面的。

例如,企业总会孜孜不倦地追求资源配置的最优化。企业的这一本性是与生俱来的,不会因美国奉行保护主义、英国脱欧或新冠疫情肆虐而荡然无存。由于全球化有利于在全球范围内实现资源配置的最优化,因此企业的这一特性在客观上会推动全球化。

又如,科技进步日新月异。众所周知,在人类历史上,科技进步极大地促进了生产力,同时也推动了全球化。诚然,科技进步有时会因受到某一种外力的影响而步履维艰,但这种现象是暂时的,不可能是永久性的。此外,科技进步还能不断地推动创新。疫情期间互联网经济的发展,就是一个胜于雄辩的事实。

再如,多种形式的国际合作机制始终在不懈地推动全球化。尤其是作为国际合作机制的"擎天柱",联合国、世界贸易组织、世界银行、国际货币基金组织和其他国际组织依然在高举多边主义大旗,为全球化保驾护航。此外,二十国集团、亚太经济合作组织及金砖国家等多边合作机制也在尽其所能地推动全球化趋势。

还应该指出的是,中国是全球化的有力推动者。中国不断扩大对外开放,进行"一带一路"建设,发起成立了亚洲基础设施投资银行,同多个国家签署了自由贸易协定,举办国际进口博览会,签署区域全面经济伙伴关系协定,积极考虑加入全面与进步跨太平洋伙伴关系协定,甚至还同欧盟达成了中欧全面投资协定。

总之,全球化的发展进程常因受到一些不利因素的影响而放慢速度,但不会逆转。正如习近平主席所说的那样:"经济全球化是历史潮流。长江、尼罗河、亚马孙河、多瑙河昼夜不息、奔腾向前,尽管会出现一些回头浪,尽管会遇到很多险滩暗礁,但大江大河奔腾向前的势头是谁也阻挡不了的。"

全球化时代的左派和右派

　　"左"和"右"既是方位词,也是政治术语。有人认为,这两个政治术语与法国大革命有关。1789 年 5 月 5 日,在国王路易十六的主持下,法国三级会议正式举行。在会场内,贵族派坐在国王的右边,与其对立的反对派则坐在国王的左边。两百多年来,左派和右派始终被视为政治立场上背道而驰的两派。正如毛泽东所言,凡是有人的地方,总有"左、中、右"。

　　特朗普当选美国总统被视为"黑天鹅事件",但他是通过投票箱入主白宫的。据报道,在特朗普的支持者中,工人阶级占相当大的比重。无怪乎有人提出了这样一个不得不引起我们思考的问题:谁代表工人阶级?

　　美国著名政治学家福山在其题为《特朗普的美国与新全球秩序》的一篇文章中未能直截了当地回答这一问题,但他说出了这样一句话:"美国左派未能代表工人阶级,欧洲各地的左派也犯下了同样的错误。"他还写道:"在美国,政治上出现了这样一个错误:政治体制未充分代表传统工人阶级。从全球化中获利颇丰的美国企业界及其盟友主导了共和党;而民主党已变成一个玩弄身份政治的政党。"

　　无独有偶,美国的一本杂志多年前曾发表过这样一幅漫画,脑满肠肥的大老板说:"由于有了全球化,我的办公室在纽约,我的工厂在墨西哥、洪都拉斯和海地,我的钱存在瑞士,我的技术来自日本,我在巴黎生活。"工人问:"你的工人在哪里?"大老板答道:"在地狱。"

诚然,为在全球化大潮中强化自身的竞争力,许多跨国公司争先恐后地将一些劳动密集型产业转移到工资水平较低的国家,从而使就业机会出现了较大规模的转移。然而在这一大转移的过程中,A国就业机会的失去意味着B国获得了就业机会。此外,失去就业机会的工人在A国中未必是工人阶级的主体。因此,将全球化与地狱联系在一起是牵强附会的。

考虑到右派对全球化持负面的立场,因此我们似乎得出这样一个结论:右派是代表工人阶级的。但是这一过于简单化的结论显然是会令人误入歧途的。

事实上,左派和右派的定义在不断变化,而且这一变化从未间断。例如,1976年9月26日《纽约时报》发表的一篇题为《欧洲的"左派"和"右派"有了新的含义》的文章认为,在欧洲各国,由于不同的社会发生了不同的变化,左派和右派的含义在不同的国家是各不相同的。这一发表于四十多年前的文章认为,对待国有化和社会福利的态度曾经是区分欧洲左派和右派的"分水岭"。但是这一"分水岭"早已不复存在,因为双方都认同国有化和社会福利。在右派长期执政的意大利,国有经济成分所占比重之大,在非社会主义国家中名列前茅。

令人诧异的是,在学者和记者的笔下,有时还有诸如中左派和中右派之类的提法。左派与中左派之间的异同何在? 右派与中右派之间的异同何在? 这些问题的答案有时只能用"你懂的"三个字来回答。

还应该指出的是,工人阶级的组成部分今非昔比。今天,在任何一个国家，真正意义上的蓝领工人在工人阶级队伍中的比重在下降，操作自动化生产线或控制机器人的工人所占比重在稳步上升。不同的工人从全球化中受益的程度是大有差别的。

不仅如此，在世界各国，工人阶级的利益诉求同样在不断变化。今天，工人阶级追求的不再是满足于解决温饱问题或获得一张选票。当然，承认这一点并无意否定这样一个事实：许多工人还面临着失业的风险。即使在经济形势最佳的周期，任何一个国家都无法确保人人就业。但是失业工人总是将自己的不良境况归咎于全球化，并在投票箱中支持抨击全球化的特朗普。

反对全球化的特朗普是一个地地道道的右派。其前任奥巴马不反对全球化，但我们难以将其视为左派。此外，特朗普内阁中的许多人是大富翁。这些人能代表工人阶级吗？其答案是不言而喻的。

我们还不能无视这样一个事实：在一些国家，掌握政权的左派或右派，并不能真正做到言行一致。打左转灯而向右转的有之，打右转灯而向左转亦非少见。真可谓左的不左，右的不右。

综上所述，时代在进步，形势在发展，左派和右派等政治学概念的含义也在发生变化。因此，我们不必回答哪个政治派别能代表工人阶级这样的问题。换言之，右派的立场和纲领不可能完全符合工人阶级的利益，左派的主张和政策也并非都能得到工人阶级的支持。只有中国共产党这样的共产主义政党，才能代表工人阶级，才能成为工人阶级的先锋队。

全球化时代的民族主义

民族主义是一种精神意识。世界上的每一个国家、每一个民族，甚至每一个人都拥有这样一种精神意识。这一意识的本质就是本国或本民族的特性优于其他国家或其他民族的特性，因此必须努力维护这一优越性。

民族主义是好东西还是坏东西？这是一个见仁见智的问题。可以肯定的是，倡导合作共赢、尊重他国利益的民族主义积极向上，因而是求之不得的好东西；相反，自私自利、信奉强权政治、鼓吹"世界第一"的民族主义是一种狭隘的民族主义，是坏东西。

积极向上的民族主义既能提升本国国民的爱国热情，也能为全球化创造正能量；狭隘的民族主义则是为民粹主义站脚助威，阻挠全球化趋势的发展。

能否使狭隘的民族主义变为好的民族主义？对于出现在他国的狭隘的民族主义，只能依靠国际舆论的引导。而对于出现在本国的狭隘的民族主义，除了本国舆论引导以外，政府应该承担更大的责任。一方面，政府应该增加外交政策的透明度，拆除"精英外交"的藩篱，使大众了解某外交行为的来龙去脉及其正确性；另一方面，政府也应该允许大众在合法的渠道内发表自己的看法。

民族主义可以进入一个国家的政治、经济、外交和文化等领域，由此产生的影响虽不尽相同,但不容低估。

在政治领域,民族主义的体现就是爱国主义。众所周知,每一个人都应该拥有热爱祖国的公民道德,爱国主义蕴含了民族自豪感和忠诚。因此,放弃爱国主义,就是对祖国的不忠,甚至会导致对祖国的背叛。无怪乎世界上每一个国家的政府都倡导爱国主义。因此,西方不能把中国的爱国主义视为民族主义。

在经济领域,民族主义可以成为一国经济政策的理论基础,因此民族主义常被称作经济民族主义或资源民族主义。在这种民族主义理念的指引下,一些国家的政府常对外国资本或外国商品实施多种多样的限制,有时甚至对外资企业实施国有化。正如肖萨纳·坦塞在其《拉丁美洲的经济民族主义》(1976 年)一书中所说的那样:"那些尚未取得'现代化'或'发达'地位的国家,对于控制本国自然资源和经济命运越来越警觉,并认识到这种必要性。这一现象的特点就是'经济民族主义',它直接反映了这些国家经常抱怨的那种看法:它们虽然取得了政治主权与独立,但是在经济上仍然是殖民地。"

在外交领域,民族主义常与国家主权、国家形象和国际关系密切相连。因此,每当本国的领土、主权或其他形式的国家利益受到他国的损害时,民族主义情绪会急剧上涨。抵制他国的商品、烧毁他国的国旗或在他国大使馆门前示威游行,就是民族主义情感在行动上的体现。这种偏激的爱国主义行为是不值得提倡的。

在文化领域,民族主义的表现形式就是不认同外来文化的可取之处,厌恶、限制,甚至抵制外来文化。由此可见,在这样一种民族主义情感的支配下,不同文化之间的交流必然会变得难上加难。在海外建立的语言教学机构有时也会被斥责。孔子学院在某些西方国家受到的非难,就是一个例子。

自古以来,民族主义从未偃旗息鼓,而是在不同的时期以不同的形式展现其顽强的力量。特别是在全球化趋势加速发展的今天,民族主义情感抬头似乎是一种更为司空见惯的现象。这无疑与全球化的弊端长期得不到消弭有关。

在许多人的心目中,全球化破坏或削弱了本民族的特性,打击了本国的经济利益。因此,在一定意义上,狭隘的民族主义成了反全球化人士的思想武器。

在一些国家,狭隘的民族主义与民粹主义结合在一起,构成了"排外"心态的情感基础。令人遗憾的是,在欧美的投票箱中,狭隘的民族主义和民粹主义大有市场,两者沆瀣一气,相互利用,干扰了正常的政治氛围。

事实上,虽然全球化趋势淡化了民族国家的隔阂,强化了全球主义的特性,但是民族主义与全球化并非"零和游戏",更不是一种你死我活的斗争。相反,全球化为国与国之间的交往和不同民族之间的沟通提供了便利,而这样的交往和沟通能推动全球化趋势的发展。

民族主义在中国的存在早已成为国际媒体和外国学者关注的一个"兴奋点"。这是不足为怪的,因为中国的国际地位在上升,中国人的言行必然会受人关注。但是不少国际媒体和外国学者在观察中国的民族主义时,总是放不下"有色眼镜"。因此,一些敢于捍卫中国国家利益、敢于倡导"爱我中华"、敢于回击国际媒体的虚假报道、敢于批评外国学者不实之词的中国媒体和中国学者,常被冠以"民族主义"的"雅号"。在这些国际媒体和外国学者的心目中,中国人应该放弃爱国主义,不必捍卫本国的主权,不必重视中国的国家利益。这样的要求,中国媒体和中国学者是做不到的。

有人认为,中国特色的民族主义引起了周边国家的忧虑和恐慌。这一判断是言过其实的。中国人信奉"远亲不如近邻"。因此,中国领导人早就表示,中国坚持亲、诚、惠、容的周边外交理念。毋庸讳言,当中国的领土被他国染指后,确实有少数中国人提出了抵制他国出口商品的无理主张。但这样的人毕竟是少数。这些人的狭隘的民族主义行为不能代表所有中国人。

事实上,中国企业在"走出去"的过程中,不时受到一些国家奉行的"经济民族主义"政策的影响。2012年南美洲某国政府对其国内最大的石油公司实施国有化后,一家中国企业的投资计划化为乌有。

我在一些国际场合常为捍卫中国的国家利益和中国的国际形象而反驳外国学者的错误看法。记得在布鲁塞尔的一次会议上,我就中欧关系发表了一些我的看法。岂料在会后的晚宴上,一位荷兰学者对我说:"你是一个具有民族主义倾向的学者。"我记得他用的是 nationalistic 一词。当然,我知道他不是恶意的,因为我与他认识多年,经常探讨一些容易引起争论的问题。

看来,不同的人对"民族主义"一词的理解是不同的。这正是中外学者开展学术交流的必要性所在。

谁能引领全球治理?

全球问题都是跨国界的问题,而且,还涉及世界各国的切身利益。因此,全球治理的难度是不言而喻的。为了持之以恒地推动全球治理,并使全球治理的成效实现最大化,必须有一个国际威望高、处事能力强、善于协调各方立场的领导者。全球治理面临的最基本的挑战就是如何确定领导权。拉米(Pascal Lamy)在其任世界贸易组织总干事时曾提出过这样一系列的问题:谁能领导全球治理?是不是由超级大国、几个国家的领导人或某一国际组织领导?谁应该选择全球治理的领导者?

联合国是一个最具普遍性、权威性和代表性的政府间国际组织,理应在全球治理中发挥一种众望所归、当之无愧的领导作用。例如,第65届联合国大会主席约瑟夫·戴斯曾经说过,联合国应该在全球公域治理中发挥领导作用。瑞典前首相英瓦尔·卡尔松在《天涯成比邻——全球治理委员会的报告》(1995年)中指出,虽然联合国在全球治理中不是无所不能的,但它确实应该成为一种有助于各国政府和非政府部门在全球治理中加强合作和互动的首要机制。该报告还指出,为了使联合国在全球治理中发挥更大的作用,有必要对联合国进行改革,但不必为推出一个新的全球治理架构而解散联合国。瑞典全球挑战基金会(Swedish Global Challenge Foundation)也认为,联合国应该担负起领导全球治理的重任,而且类似于欧盟和东南亚联盟的区域性组织和机构也应该发挥协助的作用。

但联合国不是一个能够对世界各国发号施令的"全球政府"。因此,在一定意义上,当今世界依然处于一种"无政府"状态。这是全球治理面临的一个在可预见的将来无法克服的难题。

美国是世界上唯一的超级大国,似乎也应该在全球治理中发挥领导作用。美国国务卿布林肯说:"全世界需要美国的领导地位,我们将能提供这样的领导。"他还表示:"如果美国参与全球治理,全球问题就能得到解决。"

美国能否发挥全球治理的领导者作用? 这一问题的答案显然是否定的,因为美国不愿意为推动全球治理出力,而且缺乏必要的国际威望。尤其是在特朗普当政时期,美国在应对全球问题时不仅不能发挥超级大国的作用,而且还不断地"退群",逃避国际责任,甚至为其他国家参与全球治理设置障碍。这样一种自私自利的行为,使美国失去了充当全球治理领导者的资格。虽然拜登政府修正了特朗普政府的一些外交政策,但美国的霸权主义本质不会发生根本性变化。

二十国集团在应对 2008 年国际金融危机及此后世界经济复苏的过程中发挥了重要的积极作用。但是这个组织无法对世界上的任何一个国家施加约束力。每一次首脑会议通过的多种多样的文件,仅仅表达了各个成员对国际上一些重大问题的看法。因此,这样一个"空谈俱乐部"显然无法担当起全球治理中领导者的角色。

在我国学术界,一些学者希望中国在全球治理中发挥领导者的作用。在国际上,要求中国和其他一些新兴经济体在推动全球治理的过程中承担更多国际责任的呼声也不绝于耳。如在 2010 年 6 月 18 日,时任欧盟委员会主席巴罗佐在一个关于全球治理的研讨会上指出,全球治理的合法性在于能否使"新兴力量"承担"国际领导权"。

当然,要求中国在全球治理中发挥领导作用的动机,既有善意的,也有恶意的。

全球问题数不胜数,因此全球治理的形式也是多种多样的。换言之,有一种全球问题就应该有一种全球治理。迄今为止,中国在全球贫困治理、全球卫生治理及全球气候治理等领域中发挥的作用是巨大的,取得的成就也是有口皆碑的。但是中国毕竟是一个发展中国家。中国做好自己的"家庭作业",比承担全球治理的领导者地位更重要。正如习近平主席强调的那样,我们要积极参与全球治理,主动承担国际责任,但也要尽力而为、量力而行。

当然,作为发展中大国,中国始终积极参与全球治理,并愿意为推动全球治理继续发挥重要的引领作用。而且,为了推动全球治理,中国秉持共商共建共享的全球治理观,倡导国际关系民主化,坚持国家不分大小、强弱、贫富一律平等,支持联合国发挥积极作用,支持扩大发展中国家在国际事务中的代表性和发言权。

2018 年 12 月 11 日,国务委员兼外交部部长王毅出席 2018 年国际形势与中国外交研讨会开幕式并发表演讲。他用三个排比句描述了中国外交的成就:我们在变局中登高望远,积极践行构建人类命运共同体理念;我们在乱局中保持定力,扎实推动建设新型国际关系;我们在迷局中拨开云雾,主动引领全球治理变革的方向。

毫无疑问,随着中国实力的不断增强,中国引领全球治理的能力也会不断增强。

全球治理研究要脚踏实地

近几年,国内外越来越多的学者在研究全球治理问题,讨论全球治理的会议越来越多,产出的成果在数量上也越来越多。但是这一"显学"所面临的问题也越来越明显。

第一,全球治理研究的成果过于理论化。理论是人们在学理上对某种现象做出符合其发展规律和逻辑的推理性结论。理论来自实践,同时又指导实践。但在全球治理研究中,许多学者为了达到提升研究成果理论水平的目的,当然也是为了能够使研究成果顺利地发表出来,片面地追求理论化,用一些晦涩难懂、牵强附会、天马行空的语言加以包装。其结果是,这样的论文并未对推动全球治理提出什么真知灼见,也未能提出一些具有可操作性和实用性的对策。

第二,讨论全球治理的各种学术会议同样令人失望。学术会议的功能就是为与会者相互之间进行交锋和争鸣提供一个平台。如果说小范围的研讨会还能在交锋和争鸣中迸出一些思想火花,产生一些有价值的观点,那么越来越多的所谓"高大上"的论坛则难以使与会者得到任何收获。这些论坛如同报告会,都是与会学者轮流发言,没有提问和互动,没有交锋和争鸣,听众则犹如在听收音机。而且,许多发言者不是就全球治理这个会议主题发表高见,而是自说自话,离题八百里。

第三，全球治理研究过于笼统。全球问题层出不穷，全球问题的应对之道就是全球治理。但是应该确定的是，全球治理是一个"筐"，是各种不同领域的全球治理的统称。例如，全球治理包括经济治理、贸易治理、金融治理、卫生治理、气候治理、互联网治理、数字治理、安全治理、核安全治理、环境治理、贫困治理、公域治理、海洋治理、人权治理、文化治理，等等。由此可见，出现一种全球问题就应该有一种全球治理。

毫无疑问，每一种不同的全球治理都有不同的紧迫性、不同的必要性、不同的机制、不同的方式方法、不同的难度。然而迄今为止，大多数科研成果和会议讨论的是笼而统之的全球治理。这种讨论得出的一些貌似有理的结论，其实很难适用于那些具体化的、细小化的某一领域的全球治理。

第四，未能就"一带一路"倡议与全球治理的关系展开深入的研究。"一带一路"倡议的重要意义和积极性不容低估。"桃李不言，下自成蹊。"截至2023年10月，中国已经同150多个国家和30多个国际组织签署了230多份"一带一路"合作文件，这是极为难能可贵的。

"一带一路"建设倡导政策沟通、设施联通、贸易畅通、资金融通和民心相通。因此，它能为推动全球治理做出其应有的贡献。但是迄今为止，学术界却未能全面总结"一带一路"对全球治理的贡献，更没有研究"一带一路"倡议在推动全球治理的过程中面临着什么样的挑战。

综上所述，全球治理的必要性和重要性与日俱增。2019年3月26日，习近平在巴黎举行的中法全球治理论坛闭幕式上提出了四个"赤字"，其中之一就是"治理赤字"。因此，学术界必须改变学风，脚踏实地，为消灭"治理赤字"和推动全球治理提供学术支撑。

如何评判全球治理的成效？

全球问题五花八门，层出不穷，应有尽有。全球问题的应对之道就是全球治理。

全球治理始于何时？迄今为止，没有人能给出一个明确的答案。一般说来，全球治理是在冷战结束后引起关注的。

1989 年 11 月 9 日，柏林墙倒塌。1990 年 1 月，时任联邦德国总理勃兰特召集裁军与安全问题独立委员会、世界环境与发展委员会、南方委员会的有关成员，在离西德首都波恩不远的小城科尼希温特召开了一个讨论柏林墙倒塌后世界格局、国际形势和东西方关系的会议。与会者认为，东西方关系的改善为加强全球合作提供了良机。但是为了实现这一目标，各国还应该采取一些实实在在的多边主义行动。

1991 年 4 月 22 日，30 个国家的领导人聚首斯德哥尔摩，就如何在东西方关系缓和的背景下应对各种全球问题进行深入讨论。会议发布的《斯德哥尔摩全球安全与治理倡议》提出有必要加强全球治理。

1992 年 4 月，全球治理委员会成立。勃兰特邀请瑞典前总理卡尔松和英联邦前秘书长拉莫法尔（圭亚那人）担任该委员会的共同主席。时任联合国秘书长加利表示，联合国将全力支持该委员会的工作。1995 年 2 月 16 日,全球治理委员会发表了题为《天涯成比邻》的研究报告,这是国际上最早深入探讨全球治理的报告。

自那时以来,国际社会对全球问题的关注与日俱增。无论是国家行为体还是非国家行为体,无论是联合国、二十国集团之类的国际机制还是公民社会组织,无论是世界各国的领导人,还是学术界或媒体人士,都认识到有必要推动进一步全球治理。

那么,全球治理成效如何?

这一问题的答案可谓见仁见智。例如,阿瑟·斯坦认为,总体而言,虽然全球治理面临着多种多样的问题,但是也取得了一些成功。他说:"倘若没有全球治理的成功,世界就不是今天这个样子了,全球化的程度也不会像今天这么高。从我们乘飞机从一国前往另一国这个简单的例子中也能看出全球治理的成效。我们需要制定规则来规定飞机如何从一地飞往另一地,如何互相沟通和交流。没有了全球治理,我们今天的全球交通状况和全球化都将是空谈。尽管还有很多问题需要面对和解决,但全球治理所取得的进步也是毋庸置疑的,正是这些进步塑造了当今世界。"

拉莫希·塔克认为:"虽然世界上没有一个全球政府,但在任何一天,邮件能穿越国界,人们能用各种交通工具从一个国家到另外一个国家,商品和服务能在陆路、天空、海路和网络空间中传递,个人、团体、企业和政府也能在安全的环境下从事多种类型的活动。"他问道,在缺乏一个全球政府的条件下,这一切是如何发生的? 他认为,这一切应归功于全球治理。

全球问题虽然没有阻断国与国之间的交往,更没有毁灭人类,但其危害性不容低估。令人遗憾的是,迄今为止,全球治理的成效未必是令人满意的,有人称之为"雷声大,雨点小"。例如,虽然预防恐怖主义的措施越来越多,打击恐怖主义的力度越来越大,但恐怖主义袭击依然时有发生,有人甚至认为"越反越恐"。又如,虽然预防网络犯罪的技术在改进,惩罚网络犯罪分子的力度也在强化,但网络犯罪的势头似乎并未得到遏制。据估计,全世界网络犯罪导致的经济损失从 2014 年的 5000 亿美元上升到 2017 年的 6000 亿美元。再如,虽然人类社会早就认识到战争的残酷,但是地球上没有一天是没有枪炮声的,持久的和平与安全依然是梦寐以求的"奢望"。

正是因为全球治理成效不佳,所以 2017 年 5 月 14 日,中国国家主席习近平在出席"一带一路"国际合作高峰论坛开幕式并发表主旨演讲时提到了三大赤字,其中之一就是"治理赤字"。他认为:"和平赤字、发展赤字、治理赤字,是摆在全人类面前的严峻挑战。这是我一直思考的问题。"

全球治理成效不佳的原因是多方面的,其中尤为引人注目的是:联合国的作用不尽如人意;全球治理的一些领域缺乏合法性的、非歧视性的规制;各国利益分歧难以消弭;美国在全球治理多个领域中的所作所为常常是破坏性的。毫无疑问,要解决全球治理面临的上述难题,不能一蹴而就。在可预见的将来,"治理赤字"可能会长期存在。

如何认识全球治理的动力？

　　全球问题多种多样，不计其数，应有尽有，对人类社会的生存和发展产生了巨大的不良影响。2017年1月18日，中国国家主席习近平在联合国日内瓦总部发表题为"共同构建人类命运共同体"的主旨演讲时指出，人类正处在大发展、大变革、大调整时期。同时，人类也正处在一个挑战层出不穷、风险日益增多的时代。世界经济增长乏力，金融危机阴云不散，发展鸿沟日益突出，兵戎相见时有发生，冷战思维和强权政治阴魂不散，恐怖主义、难民危机、重大传染性疾病、气候变化等非传统安全威胁持续蔓延。

　　全球问题的应对之道就是全球治理。阿迪尔·纳贾姆认为，全球治理是一种在缺失全球政府的条件下管理全球进程的方式。劳伦斯·芬克尔斯汀认为，由于国际体系中找不到一个全球政府，因此，只好使用"全球治理"这个含糊不清的词来代替"全球政府"。

　　全球治理的乏力是形成习近平所说的"治理赤字"的重要原因之一。全球治理的成效与多个因素有关，其中之一就是全球治理的动力。在一定程度上，全球治理的成效与全球治理的动力成正比。但是全球治理的动力时强时弱、时大时小，弱化了全球治理的成效。因此，人类社会应该回答如何加大全球治理的动力这一难以回避的重要问题。

全球治理的动力与以下问题有关：

一是人类社会有无应对全球问题的能力。在理论上，人类社会当然有能力应对各种全球问题，否则人类迟早会毁灭。但是有些全球问题很难对付，至少难以一蹴而就。例如，新冠病毒出现后，世界上的许多国家就立即动手研制疫苗。时隔一年后，疫苗的批量生产才成为现实。又如，早在 1990 年，政府间气候变化专门委员会就对气候变化发表了第一个评估报告，但是三十多年过去了，气候变化的不良态势似乎并未得到遏制。再如，网络不安全、恐怖主义、生态环境恶化及饥荒等全球问题早已引起国际社会的重视，但是时至今日，"隧道的曙光"尚未显现。

应该指出的是，虽然全球问题的解决是艰难的，但我们不应该气馁，不应该放弃信心，而是要敢于面对现实，勇于把信心转换为动力，使全球治理在百年未有之大变局中取得更大的成效。

二是世界各国有无应对全球问题的决心。决心来自意志，意志产生力量。人类社会只有勇于面对全球问题，同舟共济，齐心协力，不断地自我激励，才能为全球治理增添动力。否则，全球问题的危害性会持续恶化，"治理赤字"就会越来越大。令人欣慰的是，人类社会应对全球问题的决心是有力的，意志是坚强的。

新冠疫情暴发后，虽然少数国家不负责任地"甩锅"，导致疫情防控被日益政治化，反智能、反科学横行，死亡人数与日俱增，但是世界上绝大多数国家都采取了积极应对的策略，并表示要大力支持世界卫生组织，为全球卫生治理贡献各自的力量。在一定程度上，这是抗疫的决心转化为全球治理动力的成功案例。

三是能否坚持正确的全球治理观。理念引领行动，方向决定出路。正确的全球治理观既能左右全球治理的发展方向，也能为全球治理增添正能量。反之，不正确的全球治理观会使全球治理走入迷途,并且会产生巨大的负能量。

有些国家从不宣布自己的全球治理观,但从这些国家的所作所为中,我们可以知晓其全球治理观的真面目。例如,美国的历任总统从不明确地、公开地谈论美国的全球治理观是什么。美国的实际行动表明,美国的全球治理观是以"四大主义"(霸权主义、霸凌主义、单边主义和保护主义)为基础的。这样的全球治理观已对全球治理产生了极大的负面影响。

中国领导人在国内外的不同场合曾多次明确地表达了中国的全球治理观。如在 2015 年 10 月 12 日,习近平总书记在主持中共中央政治局第二十七次集体学习时指出,经济全球化深入发展,把世界各国利益和命运更加紧密地联系在一起,形成了"你中有我、我中有你"的利益共同体。很多问题不再局限于一国内部,很多挑战也不再是一国之力所能应对,全球性挑战需要各国通力合作来应对。他还指出,当今世界发生的各种对抗和不公,不是因为联合国宪章宗旨和原则过时了,而恰恰是由于这些宗旨和原则未能得到有效履行。

此外,习近平还从"大道至简、实干为要"这一朴素的哲理出发,向全世界提出了推动构建人类命运共同体的倡议。毫无疑问,如果世界各国能在伙伴关系、安全格局、经济发展、文明交流、生态建设等方面作出努力,全球治理的动力是取之不尽的。

综上所述,全球治理的动力与多方面的因素有关。人类社会拥有应对全球问题的能力,而且还有坚强的决心。虽然很难确保谁应该在推动全球治理的过程中发挥领导作用,但可以肯定,中国为全球治理做出了巨大的贡献。此外,中国的全球治理观能为推动全球治理指明方向。

二十国集团应该成为一个"行动队"

2019 年 6 月 27 日至 29 日，二十国集团峰会在日本大阪举行。闭幕后，有人模仿特朗普的口吻，伪造了一条他的推特："世界上最有力、最强大的领导人在这里举行二十国集团峰会！他们不停地说那些枯燥乏味的玩意儿，真没劲。中午自助餐的时候，我跑得比其他人快，第一个拿到了吃的。我要了 5 勺冰激凌，吃到了最好吃的巧克力蛋糕。"这个推特有名有姓，左上角还有特朗普自己的头像，真的很有欺骗性。

仿造一个超级大国领导人的口吻，编造这样的推特，确实很搞笑。但是我们也应该知道，批评二十国集团的声音不绝于耳。

如果说全球化趋势遭遇了"反全球化"人士的抵制，那么二十国集团似乎也碰上了"反二十国集团"逆流的抵触，而且这种抵触由来已久。多年前就有人用漫画表达不满，认为二十国集团的领导人不必长途跋涉，完全可以用电话会议的方式来讨论问题。在 2010 年 11 月的首尔峰会前夕，伦敦政治经济学院的罗伯特·韦德等人认为，国际金融危机最严重时二十国集团显现的"救生圈"精神已不复存在，因此，无论是在诊断全球经济衰退的根源时还是在为其"开处方"时，新兴经济体与发达国家的分歧越来越明显。他们甚至建议，二十国集团的作用应该从国际金融危机之初的"救生圈"升华到"全球经济治理委员会"或"世界经济指导委员会"。2014 年澳大利亚在布里斯班举行二十国集团峰会前,一家澳大利亚报纸认为,澳大利亚不必为举办这样的会议而耗费大量人力和物力。2017 年的二十国集团峰会在德国汉堡举行时,为数不少的抗议者走上街头,打出了"粉碎 G20"的标语。

二十国集团是由八国集团财长会议于 1999 年倡议成立的。最初它是一种财长和央行行长会议机制,2008 年国际金融危机后,升格为领导人峰会。2009 年 9 月举行的匹兹堡峰会将二十国集团确定为国际经济合作主要论坛。迄今为止,这个峰会从未间断过。

毋庸置疑,二十国集团在应对国际金融危机的过程中确实发挥了重要作用。但是随着危机的结束和全球经济的复苏,二十国集团的重要性和效能似乎在下降。例如,美国始终高举贸易保护主义大旗,对多个贸易伙伴搞贸易霸凌主义,破坏了多边主义,践踏了国际关系中相互尊重的基本原则。然而在美国的压力下,二十国集团大阪峰会的联合声明却不提反对贸易保护主义,据说是因为美国不同意将"反对贸易保护主义"写入联合声明。

虽然每一次二十国集团峰会讨论的问题都是很重要的。但是领导人在会上达成的共识,在会后并未得以落实。有些话题每年都讨论,每年都是"换汤不换药"。

由此可见,二十国集团峰会也应该努力提升自身的国际声望,不要使二十国集团峰会成为"空谈俱乐部"。

事实上,早在 2010 年 6 月的二十国集团多伦多峰会上,时任中国国家主席的胡锦涛就指出,二十国集团应从应对国际金融危机的有效机制转向促进国际经济合作的主要平台,着眼长远,使其从协同的财政刺激转向协调的增长,从短期应急转向长效治理,从被动应对转向主动谋划。此外,还要处理好二十国集团机制同其他国际组织和多边机制的关系,确保二十国集团在促进国际经济合作和全球经济治理中发挥核心作用。习近平主席在二十国集团杭州峰会上也说过,二十国集团应该根据世界经济需要,进一步从危机应对向长效治理机制转型。他呼吁,面对重大突出问题,二十国集团有责任发挥领导作用,展现战略视野,为世界经济指明方向,开辟路径。他还说,我们应该让二十国集团成为行动队,而不是清谈馆。

最后还应该说一说中国和美国在二十国集团中的合作。有这样一句俏皮话:"没有 G2,G20 就是一个 0。"这里所说的 G2,其实是美国和中国。这句话要表达的意思极为清晰:没有美国和中国的所作所为,二十国集团的效能和作用微乎其微,甚至可能一事无成。

确实,作为世界上最大的两个经济体,美国和中国在二十国集团中的地位和作用是毋庸赘述的。因此,二十国集团的未来与美国和中国的作用是息息相关的。

毫无疑问,美国和中国在二十国集团内的合作,必须以相互尊重为基础。没有尊重就没有团结,没有团结就没有合作。

发展中国家
和
新兴经济体

南北关系在曲折中发展

有人发现,发达国家大多在北半球,发展中国家大多在南半球。因此,"北方国家"就是发达国家,"南方国家"就是发展中国家。"南北关系"就是发展中国家与发达国家的关系。

20 世纪 60 年代,依附论开始在国际学术界引起广泛的关注。这一理论既分析发展中国家的发展问题,也关注南北关系的性质。它认为,发展中国家不发达的根源在于其外部。如在资金、市场和技术等领域,发展中国家依附于发达国家,从而使发达国家通过不平等交换等手段,剥削发展中国家。为了摆脱不发达,发展中国家应该通过发展本国的制造业等手段,与不平等的世界经济体系"脱钩"。

毫无疑问,依附论与现代化理论是大相径庭的。根据现代化理论的分析,发展中国家不发达的根源在其内部。它认为,500 年前,世界上每一个地方都是"传统社会",都是不发达的。欧洲之所以率先摆脱不发达,主要是因为它研发了大量科学发明和先进技术,并创造了先进的企业家精神和创新精神。因此,为了实现现代化,发展中国家应该追随发达国家的脚步,消除阻碍进步的各种内部障碍。

在依附论的影响下,许多发展中国家制定并实施了宏伟的进口替代工业化战略。为了强化本国的经济独立性和自主权,许多发展中国家对自然资源领域和制造业领域的跨国公司实施了国有化。这

发展中国家和新兴经济体

一行为曾使得南北关系变得极为紧张。

发展中国家在国际经济领域的诉求显然与其在国际舞台上的地位不断上升有关。在民族解放运动的推动下,亚非拉地区出现了大量独立的国家。因此,联合国会员国从 1960 年的约 100 个增加到 1979 年的约 150 个。

在发展中国家的要求下,联合国在 1964 年设立了贸易和发展会议(UNCTAD)。这是一个发展中国家与发达国家就发展问题进行对话的平台,也可以被视为人类历史上首次为发展中国家提供的一个表达其诉求的论坛。

1973 年爆发的第一次石油危机使南北关系承受了巨大的考验,也使发达国家认识到,发展中国家有能力通过团结一致的方式,向不合理的国际经济秩序发起挑战。翌年 4 月 9 日至 5 月 2 日,联合国大会第六届特别会议通过了《关于建立国际经济新秩序的宣言》和《行动纲领》。12 月 12 日,第 29 届联合国大会通过了《各国经济权利和义务宪章》。

1982 年爆发的墨西哥债务危机再次暴露了南北关系中的不和谐。为减少损失,发达国家的商业银行在墨西哥债务危机爆发后立即减少,甚至停止向发展中国家提供信贷,从而加剧了危机的严重程度。发达国家主导的世界银行和国际货币基金组织愿意为发展中国家提供援助,但附加了极为苛刻的条件,如实施财政紧缩、开放市场和对国有企业进行私有化,等等。事实表明,这些结构性调整措施强化了市场机制的作用,但未能有力地推动经济复苏。因此,就许多发展中国家而言,20 世纪 80 年代是"失去的十年"。

进入 20 世纪 90 年代后,南北关系面临的外部环境出现了重大变化。例如,随着冷战的结束,世界格局发生了重大变化,以美苏争霸世界为特征的两极世界格局被"一超多强"取而代之,多极化成为国际舞台上的主流。又如，全球化趋势以更快的速度向前推进，导致各种生产要素在全球范围内跨国界的流动速度不断加快。人类赖以生存的地球被誉为"地球村"或"地球是平的"。再如，新兴经济体脱颖而出，在世界舞台上的地位稳步上升。正如欧洲银行前行长让-克洛德·特里谢所言，在人口、经济、文化和科学等领域，新兴经济体的重要性极为引人注目，发达经济体必须与其加强合作。

上述重大变化使南北关系呈现出以下三个显著的新特征：一是发达国家与发展中国家之间的相互依存性日益加深，二是发达国家与发展中国家加强合作的愿望在加强，三是发达国家与发展中国家开展对话的平台越来越多。

综上所述，不论多少国家能跻身北方国家行列，世界上总会有较为落后的国家。这意味着，南北关系永远会是国际关系的重要组成部分。在全球化大趋势中，在推动构建人类命运共同体的过程中，加强南方国家与北方国家之间的合作，是历史的一种必然选择。

发展中国家是中国外交政策定位的基础

中国外交政策的定位被概括为以下四句：大国是关键、周边是首要、发展中国家是基础、多边是舞台。

基础，根基也。中国外交的根基在发展中国家。由此可见，发展中国家在中国外交政策中的地位是不容低估的。

新中国成立后，为了突破西方大国的封锁，我们把外交工作的重点放在发展中国家。我们不仅旗帜鲜明地支持亚非拉的民族解放运动，而且还慷慨地向一些国家提供经济援助（坦赞铁路就是一个标志性的伟大工程项目）。此外，毛泽东还提出了"三个世界"划分的战略思想。这一思想将第三世界（发展中国家）置于至高无上的地位。

中国的重返联合国得到了发展中国家的支持。中国的改革开放（尤其是中国企业的"走出去"战略）同样得益于发展中国家的参与。毫无疑问，没有发展中国家，就不会有中国的今天。

中国一再表明，中国追求的是和平发展，因此中国在实现"中国梦"的过程中不会挑战美国的超级大国地位，不会打破现有国际秩序。但是美国为了保住自身的超级大国地位，却千方百计地希望遏制中国的发展。一些美国人甚至建议美国与中国"脱钩"。此外，美国还在变本加厉地与其盟友合作，力图造成一种中国与天下为敌的假象。

中国既不能天下无敌,也不会与天下为敌。中华民族热爱和平,中国人民深知和平之可贵。即使在实现"中国梦"以后,中国也会继续坚定不移走和平发展道路。中国国家主席习近平多次在国际场合这样表述:中国永远是世界和平的建设者、全球发展的贡献者、国际秩序的维护者。

近几年,中国面临的外部环境出现了显而易见的变化。为了突破以美国为首的西方对中国设下的"包围圈",我们有必要进一步加深与发展中国家的关系。无论如何,包括中国在内的发展中国家都是一个战壕里的战友,都是美国奉行的"四大主义"(霸权主义、霸凌主义、保护主义和单边主义)的受害者。在构建多极化世界格局的过程中,发展中国家有必要做出更大的贡献。

为了加深与发展中国家的关系,有必要采取以下三个方面的措施:

一是要进一步夯实政治基础。中国与许多发展中国家建立了多种形式的伙伴关系,其中最重要的无疑是全面战略伙伴关系。此外,中国还提出了命运共同体理念。如在 2013 年 3 月,习近平主席在访问非洲时指出,中非从来都是命运共同体。2014 年 7 月,习近平主席在访问拉美时提出,中国与拉美要努力构建携手共进的命运共同体。2015 年 3 月,他在博鳌亚洲论坛年会上呼吁,亚洲要迈向命运共同体、开创亚洲新未来。

为了使命运共同体理念及各种形式的伙伴关系进一步夯实中国与发展中国家关系的政治基础,双方有必要保持密切的高层往来,做好顶层设计,强化政策沟通,提升战略共识。

二是要继续大力发展经贸关系。经贸关系是中国与发展中国家关系的"定海神针"。中国的发展得益于发展中国家的大市场和丰富的自然资源,与此同时,中国也张开双臂,欢迎其他发展中国家搭乘中国发展的"快车"、"便车"。

在大力发展经贸关系的过程中,双方要坚持正确的义利观。"国不以利为利,以义为利也。""先义后利者荣,先利后义者辱。"这两句格言在一定程度上体现了中国在与发展中国家发展关系时应该恪守的义利观。习近平在谈及"一带一路"建设时曾说:"要坚持正确义利观,以义为先、义利并举,不急功近利,不搞短期行为。"当然,如何做到以义为先、义利并举,很难设计出一个放之四海而皆准的一成不变的模式,必须具体情况具体分析。

三是要最大限度地促进民心相通。国之交在于民相亲,民相亲在于心相通。民心相通是政策沟通、设施联通、贸易畅通、资金融通的基础和支撑。众所周知,中国与许多发展中国家在政治经济制度、文化和语言等方面存在着显著的差异,因此中国常被误解、误读和误判。例如,一些发展中国家的学者和媒体人士认为,中国不是发展中国家,而是发达国家;中国不是处在世界体系的"外围",而是处在"中心",因此中国与发展中国家的合作不是南南合作。他们还说,明天的中国与发展中国家的关系,就是昨天的美国与发展中国家的关系。

诸如此类的认知完全是不正确的。消除这一错误认知的有效手段就是通过人文交流,最大限度地促进民心相通。除了常见的互派歌舞团、举办电影周、翻译文学作品、推广汉语教学和设立"文化年"以外,还应该利用网络媒体的优势,让发展中国家更好地了解中国。此外,还应该在疫情结束后大力发展旅游业,使来自发展中国家的游客能对中国获得一个眼见为实的认识。

应该指出的是,中国与发展中国家在加强民心相通的过程中,要提防美国的挑拨离间。事实表明,近几年,在华为的业务发展、"一带一路"建设等方面,美国的一些高官肆无忌惮地挑拨发展中国家与中国的关系。对此,我们既要在公开场合有力地回击美国,又要对发展中国家晓之以理,多做解释工作,使美国的挑拨离间不攻自破。

综上所述,不论中国发展到什么程度,发展中国家永远是中国的好朋友,永远是中国外交政策定位的基础。为了使这一关系达到"海枯石烂心不变"的程度,双方应该对其精心呵护,悉心照料。

新兴大国如何合作?

在国内外学术界,新兴市场国家的定义众说纷纭,莫衷一是。但以下三个共识是毋庸置疑的:第一,在过去的一二十年或更长的时间内,新兴市场国家的经济快速增长;第二,在可预见的未来,它们还能保持这一良好的增长势头;第三,经济的快速发展使其经济实力显著增强,在国际舞台上的地位也与日俱增。

顾名思义,新兴大国就是经济体量大、发展潜力更强、在国际舞台上的地位更高的新兴市场国家。这意味着,新兴大国肯定是新兴市场国家,但并非所有新兴市场国家都是新兴大国。

二十国集团在推动全球化和参与全球治理的过程中扮演着重要的角色。除欧盟、七国集团和澳大利亚以外,其余11个成员国(中国、阿根廷、巴西、印度、印度尼西亚、韩国、墨西哥、俄罗斯、沙特阿拉伯、南非和土耳其)均为新兴市场国家。因此,这些新兴市场国家完全可以被视为新兴大国。

迄今为止,甚至在可预见的将来,新兴大国合作的路径不外乎两种:制度安排层面上的多边合作和非制度安排层面上的双边合作。

制度安排层面上的多边合作就是若干新兴大国通过成立一个组织,在这一组织的框架内开展多种形式的合作。这一组织既可以是机制化的,也可以是非机制化的。机制化是指该组织签署了一个体现其宗旨的章程,并成立了处理各种事务的常设秘书处;非机制化则既无章程,也无常设秘书处。

五个金砖国家开展的合作是制度安排层面上的多边合作,但该组织既无章程,也无常设秘书处。因此,金砖国家合作是一个非机制化的合作组织。

非制度安排层面的双边合作是指两个新兴大国开展的合作。这样的合作具有合作层面广、合作方式简单、制度成本低等优点。众所周知,在政治、经贸和人文交流等领域,两个新兴大国之间开展的双边合作由来已久,成果颇丰。

面对百年未有之大变局,新兴大国加强合作的必要性与日俱增。无论在参与全球治理、推动全球化和完善国际规则的过程中,还是在反击霸权主义、霸凌主义、单边主义和保护主义的斗争中,新兴大国必须同舟共济,齐心协力,进一步加强合作。

新兴大国在加强合作的过程中,必须采取以下措施:

一是要努力消除"信任赤字"。信任是人与人之间和睦相处的前提,是国与国之间和平共处的基础,也是新兴大国加强合作的必要条件。诚然,新兴大国具有加强合作的强烈愿望,但在一些涉及各方切身利益的重大问题上,它们难以达成高度的共识,难以"用一个声音说话",从而影响了合作的力度。

为了消除"信任赤字",新兴大国要做到以下四点:第一,必须在相互尊重的基础上加强对话和磋商,抛弃意识形态偏见和冷战思维,减少猜疑、求同存异、聚同化异;第二,必须恪守正确的义利观,坚持以义为先、义利兼顾,不断扩大利益汇合点,实现双赢;第三,必须恪守国际承诺,遵守国际规则;第四,必须提防某些国家的挑拨离间。

发展中国家和新兴经济体

　　二是要成立一个使所有新兴大国都能在制度安排层面上参与多边合作的组织。迄今为止，在制度安排层面上的多边合作组织只有金砖国家组织，其他新兴大国只能扮演旁观者的角色。这显然不是一种有助于推动新兴大国合作的理想化状态。为改变这一状态，二十国集团内的11个新兴大国有必要建立一个十一国集团，而且还应该使其逐步实现机制化。作为机制化的第一步，十一国集团应该设立一个常设秘书处。

　　还应该指出的是，十一国集团不仅能使所有新兴大国参与制度安排层面上的多边合作，而且还能在二十国集团内协调立场，"用一个声音说话"，更好地与发达国家博弈，以维护新兴大国和发展中国家的正当权益。

　　三是要使金砖国家合作更上一层楼。在金砖国家组织成立以来的十多年间，作为新兴大国在制度安排层面上开展多边合作的唯一机制，金砖国家组织取得的成效是有口皆碑的。但是与金砖国家投入的巨大的外交资源相比，与新兴市场国家和发展中国家的期望值相比，金砖国家组织取得的成就似乎还不尽如人意。这与以下因素有关：第一，由于巴西是南方共同市场的成员国，加之印度对自由贸易持消极的立场，因此金砖国家无法通过构建自由贸易区这一形式来推动金砖国家在经贸领域的合作；第二，金砖国家组织历次峰会发表的宣言表明，其合作领域数不胜数，从而使合作的成效呈现出碎片化和"空谈俱乐部"的特征；第三，在联合国改革、反恐及全球经济治理等重大问题上，金砖国家组织内尚未达成高度的战略共识。

　　由此可见，金砖国家组织的当务之急是进一步拓展经贸合作的广度，将合作领域集中在全球治理等领域，减少空谈，避免好高骛远，最大限度地获取政治上的战略共识。

此外，金砖国家组织还应该设立常设秘书处，以提高机制化水平，并考虑在条件成熟时吸纳更多的新兴大国。事实上，如果二十国集团中的其他6个新兴大国（阿根廷、印度尼西亚、韩国、墨西哥、沙特阿拉伯和土耳其）能加入金砖国家组织，那么成立十一国集团的必要性就另当别论了。令人欣慰的是，2023年8月23日，金砖国家领导人第十五次会晤在南非的约翰内斯堡举行。这一会议决定邀请阿根廷共和国、阿拉伯埃及共和国、埃塞俄比亚联邦民主共和国、伊朗伊斯兰共和国、沙特阿拉伯王国、阿拉伯联合酋长国从2024年1月1日起成为金砖国家正式成员。

四是要消除不利于新兴大国开展双边合作的障碍。在理论上，新兴大国在非制度安排层面上的双边合作简单易行，容易出成果。但在现实中，这种双边合作难免受到两国关系中的一些新旧问题的影响。例如，中国和印度都是新兴大国，而且还是金砖国家组织的成员国，但两国仍存在边界问题。作为邻国，中印保持良好关系符合两国和两国人民的根本利益，但同时也需要双方相向而行，共同努力。中印边境地区发生的有关事态是非曲直十分清楚，责任完全在印方。中方一贯严格遵守中印两国签署的协议协定，致力于通过谈判协商解决边界问题，致力于维护边境地区的和平安宁。

综上所述，面对百年未有之大变局，新兴大国只有加强合作，才能在不断变化的世界体系中找到有利的位置，才能击退霸权主义、霸凌主义、单边主义和保护主义，才能为推动构建人类命运共同体做出更大的贡献。

如何界定穷国和富国？

不久前笔者看到一篇题为《中东那么多土豪国家，为什么没有一个是发达国家？》的文章。该文章提出了判断一个国家是否称为发达国家的四个基本条件：较高的人均国内生产总值、成熟的市场机制、先进的科技水准及良好的可持续发展能力。根据这些条件，该文章认为，除以色列以外，中东没有一个发达国家。

上述四个条件无疑是一家之言，不是国际上公认的标准。因此，肯定是有人同意而有人不同意的。例如，在上述条件中，人均国内生产总值是可以量化的，其他三个指标哪能量化？

苏联解体、东欧剧变后，国际上出现了"转轨国家"这一术语。就发展水平而言，"转轨国家"是什么性质的国家？俄罗斯是发展中国家还是发达国家？这显然是一个容易引起争议的问题。

有人认为，在当今这个世界上，只要不是发达国家，就是发展中国家。俄罗斯的市场经济不发达，国民经济中存在着严重的二元化特征，因此俄罗斯是一个发展中国家。

将市场经济体制和二元化特征作为发展中国家的基本特征，是有道理的，因为发展中国家的市场经济体制都不太完善，二元化特征比较明显。但是如何衡量市场经济体制完善与否，如何判断二元化特征的存在，却并非易事。

令人遗憾的是，国际上的权威机构从未界定何谓发达国家、何谓发展中国家。因此，关于判断发达国家和发展中国家的标准，如果你去问 100 个人，肯定会得到 100 个答案。

或许正是因为判断一个国家是否属于发达国家的标准无法量化，因此世界银行根据人均收入的高低，把世界上约 200 个经济体分为低收入、中低收入、中高收入和高收入。根据 2023 年 6 月 30 日该机构公布的数据，人均国民总收入低于 1135 美元为低收入，中低收入在 1136 美元至 4465 美元之间，中高收入为 4466 美元至 13845 美元，超过 13845 美元为高收入。

经济合作与发展组织被视为"富国俱乐部"。按理说，经合组织的成员国应该是发达国家了，但它居然吸纳了被视为发展中国家的智利、哥伦比亚、韩国、墨西哥和土耳其。在这些国家中，根据世界银行的数据，只有韩国和智利是高收入国家，墨西哥、土耳其和哥伦比亚都是中等收入国家，哥伦比亚的人均国民总收入仅为 6500 美元（2022 年）。

中国已成为世界上的第二大经济体，但是根据世界银行的数据，中国的人均国民总收入是 12850 美元（2022 年）。因此，中国属于中等收入国家。

2014 年 4 月 1 日，习近平主席在比利时布鲁日欧洲学院发表重要演讲时介绍了中国的五个显著特点，其中之一就是"中国是世界上最大的发展中国家"。

美国不承认中国是一个发展中国家。如在 2019 年 7 月 27 日，时任美国总统特朗普发表备忘录，要求美国贸易代表莱特希泽使用"一切可能的手段"，向世界贸易组织施压，使其剥夺包括中国在内的十个国家的"发展中国家"地位。特朗普还在社交媒体推特上说："世界上最富有的国家们自称是发展中国家，以逃避世界贸易组织

发展中国家和新兴经济体

的规则,并获得特殊待遇,因此世界贸易组织完蛋了。"

但也有一些国家愿意放弃自己的发展中国家地位。例如,2019年3月中旬,巴西总统博索纳罗在访问美国时表示,为了加入经合组织,巴西希望得到美国的支持。为了报答美国的支持,巴西愿意放弃其发展中国家地位。

为什么发展中国家地位如此重要?

这与世界贸易组织确定的"特殊与差别待遇"有关。根据这一待遇,发展中国家能在世界贸易组织的有关谈判中作出比发达国家少的承诺。例如,在市场准入谈判中,发展中国家的关税减让幅度可以小于发达国家。

2019年4月4日,中国商务部新闻发言人高峰表示,"特殊与差别待遇"是世界贸易组织中的广大发展中成员享有的一项基本权利,也是该组织的一个基本原则,必须得到保障。这一原则充分体现了多边贸易体制的包容性。任何成员都有选择自己对外经贸政策的权利,发展中成员特殊与差别待遇的权利必须得到保障。作为世界上最大的发展中国家,中国不回避应尽的国际责任,愿意在世界贸易组织中承担与中国自身经济发展水平和能力相适应的义务。事实上,中国就是这样做的,今后还将继续这样做下去。

如何认识金砖国家合作的成就？

2001 年 11 月 30 日,高盛公司经济学家吉姆·奥尼尔发表了一个研究报告,题为 *Building Better Global Economic BRICs*,按字面意思可翻译为"进一步提升巴西、俄罗斯、印度和中国在全球经济中的地位",也有人翻译成"全球需要更好的经济之砖"。

在这个研究报告中,奥尼尔说,2000 年,巴西、俄罗斯、印度和中国的经济总量已占世界的 23.3%,在未来的十年,它们的经济总量将继续扩大,因此,世界经济决策机制要调整,要重视它们的财政货币政策对世界经济的影响,七国集团也应该作出调整,以增加不同地区新兴经济体的代表性。

巴西、俄罗斯、印度、中国四国英文名称首字母组成的缩写词是"BRIC"。中国媒体和学者将其称作金砖国家。奥尼尔在对上述四个新兴经济体的发展前景作出大胆预测时,肯定不会想到,四国英文国名的缩写 BRIC 会被中国人翻译成"金砖四国"。

在 2006 年 9 月的联合国大会期间,金砖国家外长举行了首次会晤,开启了金砖国家合作的序幕。2009 年 6 月,金砖国家领导人在俄罗斯叶卡捷琳堡举行首次会晤。2010 年 12 月 23 日,南非国际关系与合作部部长马沙巴内接到中国外交部部长杨洁篪的电话,被告知金砖国家决定吸收南非作为正式成员。他说:"这是我们收到的最

发展中国家和新兴经济体

好的圣诞礼物！"

金砖国家有两个不同的含义：一是五个新兴经济体，二是由其组成的金砖国家组织。在外交部网站的"国际和地区组织"这一栏目中，金砖国家赫然在目。但是应该注意到，金砖国家组织暂无章程，无常设秘书处。

为什么五个新兴经济体要走到一起成立金砖国家组织？

第一个原因当然与奥尼尔的研究报告有关。也就是说，他的研究报告使这些新兴经济体获得了灵感。当然，奥尼尔肯定不会想到，五国领导人会定期举行峰会，合作领域涉及国际关系的各个方面。

第二个原因是它们希望在国际舞台上发挥更大的作用。众所周知，二战后的国际体系基本上是发达国家创建的，发展中国家是被动的参与者，有时甚至是受害者。发达国家为维护自身利益而抱团，如七国集团，因此，发展中国家也应该加强团结。发展中国家只有加强团结，才能与发达国家抗衡。

金砖国家合作机制成立以来，合作基础日益夯实，合作领域逐渐拓展，已经形成以领导人会晤为引领，以新开发银行为"抓手"，以政治合作、经贸合作和人文交流为基础的"三轮驱动"模式。

2019 年 11 月，在一个讨论金砖国家合作的会议上，作为主持人，我问参与讨论的 3 位外国学者和 3 位中国学者："如果 100 分为满分，60 分为及格，你们为金砖国家合作的成就打多少分？"使我感到意外的是，最高的是 80 分，最低的是 30 分，平均分略高于 60 分。

在 2021 年 7 月 4 日清华大学主办的"世界和平论坛"上，有一个单元专门来讨论金砖国家合作，参与讨论的是四国驻华大使和一位中国前大使。五国大使参与讨论，很难得。

在互动期间，我问了两个问题。第一个问题是："如果 100 分为满分，60 分为及格，你们为金砖国家合作的成就打多少分？"第二个问题是:"经贸合作是任何一个国际组织的定海神针。你们认为今后如何推动金砖国家的经贸合作?"我还说:"第一个问题,请你们不要以大使的身份回答,但第二个问题要以大使的身份回答。"

俄罗斯驻华大使说:"我无法放弃我的大使身份来回答你的问题。关于合作的成就,我们可以用半杯咖啡来打一个比喻。我们可以说这个杯子是空的,也可以说这个杯子是满的。我们不能无视合作的成就。当然,经贸合作确实落后于其他两个领域。"

巴西驻华大使答道:"我不想参加考试,因为我无法给出一个分数。而且,没有一个打分的标准。关于金砖国家合作的成就,我们要看原来我们有什么,现在的合作到了什么程度。原来我们五个国家没有任何合作,而现在的合作已涉及许多领域。"

印度驻华大使说:"我认为我可以打 75 分,因为在印度 70 分是及格。新开发银行是金砖国家合作的最大的成就。其他领域的合作也已经起步。"

南非驻华大使认为,南非从金砖国家合作中受益匪浅。例如,到南非旅游的金砖国家游客很多,南非与金砖国家的贸易快速增长。

关于如何推动金砖国家的经贸合作,上述四国大使实际上没有回答我。但我还是很欣赏他们对我的第一个问题的回答。

南非大使的回答有意思。但我很想知道:到南非旅游的金砖国家游客多,与金砖国家合作是什么关系?金砖国家合作领域的哪些措施促进了旅游业?他是不是想说,没有金砖国家组织,就不会有那么多游客?南非与金砖国家的贸易在增长,这一增长与金砖国家的哪些措施有关?他是不是想说,没有金砖国家组织,就不会有这样的贸易增长?

我赞同巴西大使的回答:金砖国家合作的成就,我们要看原来我们有什么,现在的合作到了什么程度。俄罗斯大使用"半杯咖啡"

发展中国家和新兴经济体

这个比喻来描述金砖国家合作的成就,也是很巧妙的。

2019 年 1 月 1 日,博索纳罗就任巴西总统。他对金砖国家合作的热情不是很高,而 2019 年正好是巴西担任轮值主席国,金砖国家峰会要在巴西举行。因此,在 2019 年 5 月召开的一个讨论金砖国家合作的研讨会上,我问巴西驻广州总领事:"众所周知,博索纳罗总统的工作重点似乎是内政,而不是外交,更不是在金砖国家。一些分析人士认为,他甚至可能会使巴西退出金砖国家组织。你认为博索纳罗总统在今年 11 月会不会请金砖国家领导人去巴西参加金砖国家的'葬礼',而非金砖国家峰会?"这位巴西外交官说:"我们巴西人不喜欢眼泪,不喜欢葬礼,而是喜欢桑巴舞。巴西将继续做好金砖国家领导人会晤的东道国。"

桑巴舞的特点是热情奔放,充满活力。只要金砖国家能求同存异,携手共进,一定能使五国的合作继续向前推进。

驳"中国制造债务陷阱"

中国的对外经济关系是多元化的。这一关系既有双边贸易和投资（包括对外投资和吸引外来投资），也有引进技术、输出技术；既有工程承包和劳务输出，也有包括信贷、货币互换等形式在内的金融往来。近几年，随着中国经济实力的不断增强，金融领域的合作不断加快。尤其在推进"一带一路"建设的过程中，资金融通是不可或缺的"五通"之一。

但是伴随着金融合作的快速发展，"中国制造债务陷阱"之类的论调甚嚣尘上，对中国的国际形象造成了不容低估的危害。

2018 年 2 月 1 日，时任美国国务卿蒂勒森说，中国向拉美国家提供的信贷是"令人焦虑不安"的，也是"缺乏可持续性"的。虽然他未使用"债务陷阱"这一词语，但他污蔑中国向拉美国家提供信贷的用意是显而易见的。2019 年 4 月 12 日，时任美国国务卿蓬佩奥在智利发表演讲时扬言，美国会永远鼓励拉美国家避免中国制造的"债务陷阱"。他说："南美洲真的已认出了那些伪装的朋友，并对他们提高警惕。中国和俄罗斯正在你们的家门口，一旦他们进入你们的家里，我们知道，你们看到的就是债务陷阱。他们会制造债务陷阱，对规则熟视无睹，在你们家里搞得乱七八糟。令人欣慰的是，你们南美洲并没有搭理他们。你们应该知道，美国会支持你们。"2020 年 1 月

发展中国家和新兴经济体

18日，美国国家安全委员会主管西半球事务的高级官员毛里西奥·克拉韦尔-卡罗内在接受埃菲社记者采访时也说，如果拉美国家倒向中国、进入中国的"轨道"，那么拉美就会跌入"债务陷阱"。

2020年2月19日，蓬佩奥开始其上任后的首次非洲之行。访问期间，他在多个场合说，中国提供给非洲国家的信贷不附加条件，缺乏透明度，并加重了非洲债务国的债务负担。2020年6月24日，他在一个记者招待会上又说，中国为非洲国家提供的信贷是一种"制造债务陷阱"的行为。

美国政府官员的上述论调完全是张冠李戴、无稽之谈，其目的无非是为了挑拨中国与发展中国家的关系。

一个国家是否在另一个国家制造"债务陷阱"，应从以下四个方面的事实作出正确的判断：一是债务国是否需要债权国的信贷；二是双方建立的债权债务关系是否符合国际规则；三是这一关系是否互利共赢；四是债权国的信贷是否对债务国的支付能力产生了实质性的负面影响或是否加剧债务国的债务违约风险。

构成"债务陷阱"的上述四个要素并不适用于中国向发展中国家提供的信贷。众所周知，发展中国家的资本积累能力较弱，对外资的依赖性较重。一些发展中国家（尤其是拉美国家）甚至为了解决资金短缺的问题而利用大进大出、投机性极强的短缺资本（又称"热钱"），从而加大了金融风险。1994年墨西哥爆发的金融危机的罪魁祸首之一就是"热钱"的大进大出。

国际上的许多研究结果表明，发展中国家的基础设施落后是影响经济增长的重要因素之一。基础设施落后的状况之所以难以改变，主要是因为缺乏资金，导致投资不足。因此，中国向发展中国家提供的信贷和直接投资能在一定程度上解决其资金短缺问题。

作为负责任的大国，中国在与发展中国家发展经贸关系（包括金融领域的合作)时,始终严格恪守国际规则。中国向发展中国家提供的信贷,无论是偿还期限还是利率,都是双方在自愿的基础上,通过协商和谈判,按照国际规则达成协议的。

诚然,发展中国家曾经爆发过多次或大或小的债务危机,但没有一次债务危机是中国制造的。相反,美国则几乎与发展中国家的债务危机都有直接或间接的关系。如在20世纪70年代,以美国商业银行为首的债权人向拉美国家提供了大量信贷。就当时而言,一方面,正在实施负债发展战略的拉美国家亟须多多益善的外资;另一方面,美国商业银行迫切希望尽快将大量"石油美元"存款放贷出去,因而将利率压得很低,这为拉美国家举借外债提供了千载难逢的良机。其结果是,墨西哥的外债总额从1973年的40亿美元快速增加到1981年的430亿美元,平均每年增长约30%。就整个拉美地区而言,外债相当于国内生产总值和出口总额的比重,分别从1970年的约18%和180%快速上升到1982年的约45%和330%。绝大多数债务来自美国。

1981年上半年,美国联邦储备委员会开始大幅度提升利率,从而使拉美的还本付息负担变得沉重不堪。此外,国际市场上多种初级产品的价格下跌,使拉美国家的出口收入显著减少。这两个不利的外部因素终于使背负巨额外债的拉美国家陷入了岌岌可危的地步。

1982年8月12日,墨西哥财政部告知国际货币基金组织以及美国财政部和美国联邦储备委员会,墨西哥无法按时对8月16日到期的800亿美元的债务进行还本付息,墨西哥债务危机终于爆发。在一年多的时间内,拉美地区的几乎所有国家都先后爆发了债务危机。

为了应对债务危机,拉美国家被迫向国际货币基金组织求助。根据国际货币基金组织的要求,拉美国家实施了严厉而痛苦的以紧缩为主要内容的结构性改革。其结果是,拉美国家既不能继续得到美国商业银行的信贷,又要为其还本付息,而且还要实施以财政紧缩为核心内容的结构性改革。这一切使拉美经济陷入了前所未有的"双重危机"(债务危机和经济危机)。因此,20世纪80年代被视为拉美国家"失去的十年"。由此可见,20世纪七八十年代期间,将拉美推入债务陷阱的,不是中国,而是美国。

令人诧异的是,发展中国家的一些人居然也被"中国制造债务陷阱"这一不实之词蒙骗了。如在2019年夏天,我应邀为德国海德堡大学开设的一个暑期班做一场关于"中国与拉美国家关系"的讲座。听众是来自多个国家高校的在读博士研究生。在提问互动阶段,一位来自拉美地区的博士问:"许多拉美国家的债务负担很重。中国为什么还要继续把钱借给我们?"

如此幼稚的问题出自一个博士研究生,可想而知,"债务陷阱论"在国际上的流传多么广泛。

更为令人愤慨的是,一个名为"索马里兰"的网站上有一篇文章使用了这样一个标题:蓬佩奥必须行动起来,否则中国会在非洲取胜。该文章的第一段写道:"中国在拉拢非洲,这不是一个秘密。非洲在中国的'一带一路'倡议中发挥着重要作用,因此许多非洲国家政府在中国的债务陷阱外交中表现出色。"

当然,"索马里兰"网站是蚍蜉撼树,自不量力。1991年5月,索马里北部宣布"独立",成立"索马里兰共和国",但至今未获得绝大多数国家和国际组织的承认。

拉丁
美洲

美国与拉美国家关系中的移民问题

美国对拉美移民的政策,近几年已成为影响美国与拉美国家关系的一个难以回避的棘手问题。

在历史上,南北美洲之间的人员往来是司空见惯的。19世纪,美国的领土扩张导致更多的拉美人进入美国。美国学者豪尔赫·多明戈斯将这一现象称为美国人口的"拉美化"。

拉美人向美国移民,显然受到了"拉力"和"推力"的影响。作为世界上最发达的国家之一,美国为拉美人提供了改善生活的美好机遇。这是美国具有的巨大的"拉力"。相比之下,拉美的经济发展水平不高,失业和贫困随处可见,而且还长期受到社会治安恶化等社会问题的困扰,这是促使拉美人背井离乡的"推力"。

应该指出的是,美国经济和社会的各个领域都需要外来移民,因此近在咫尺的拉美显然能轻而易举地满足美国的这一需求。例如,美国彼得森国际经济研究所在2019年2月发表的一份研究报告指出,在过去的几十年,拉美移民对美国经济做出了贡献。这一贡献主要体现在以下三个方面:增加劳动力、减缓人口老龄化、提升企业家精神。该报告进而指出,在可预见的将来,拉美移民还将对美国经济做出贡献。

水往低处流,人往高处走。拉美国家"离上帝那么远,离美国那么近"，因此，拉美人必然会把美国视作最佳的移民目的地。在最近的几十年，移民已成为多个拉美国家侨汇收入的主要来源。这一外汇收入对于资本积累能力较弱的拉美国家而言，无疑是不可多得的。

由此可见，美国与拉美国家之间的这样一种各有所求的关系，应该是双方在移民问题上加强合作的动力。换言之，如果美国和拉美国家双方都能恪守人道主义原则，在相互尊重的基础上妥善处理移民问题，那么移民问题不应该成为美拉关系的"绊脚石"。

特朗普入主白宫后，美国对拉美的移民政策发生了重大变化，变化的核心就是为了落实其"美国优先"的口号而控制合法移民的流入和打击非法移民。这一政策对美国与拉美国家的关系造成了不容低估的负面影响。

其实，早在竞选总统期间，特朗普就强烈地批评美国的移民政策。他不仅丑化墨西哥移民，称其为"强奸犯""罪犯"和"坏蛋"，而且还扬言要对所有外国移民的流入实施严厉的控制，遣返非法移民，甚至要在美国与墨西哥的边境线上建一高墙，以阻挡非法移民进入美国，建筑高墙的费用由墨西哥承担。而民主党总统候选人希拉里·克林顿则表示，美国应该慎重对待非法入境的外来移民，最大限度地使外来移民成为美国的公民，并使其尽快融入美国社会，不能强制性地遣返。

希拉里在美国移民政策上的立场体现了民主党对外来移民的一贯立场。因此，在每次总统选举中，大多数拉美裔选民是支持民主党候选人的。当然，两者之间的关系似乎是一种"先有鸡"还是"先有蛋"的关系。换言之，民主党对拉美裔的仁慈是因为拉美裔选民支持民主党，所以民主党在移民政策上亲近拉美。

入主白宫后，特朗普在移民问题上真的履行了他的竞选诺言。

概而言之,特朗普总统的政策行为可以被概括为以下四个方面:

一是收紧移民政策,控制进入美国的外来移民数量。除了签署旅行禁令、严格审核签证申请和限制 H-1B 签证以外,特朗普政府还废除了奥巴马政府制定的"童年入境暂缓遣返"(DACA)。

二是遣返非法移民。据估计,目前在美国生活着 1100 万没有获得居留许可的非法移民,其中大部分来自拉美国家。特朗普认为,这些人中不乏各种各样的犯罪分子,对美国的社会安全构成了严重的威胁。因此,特朗普希望"美国遣送他们的速度要与他们进入美国的速度一样快"。

三是启动建墙工程。美墨边境线长 1933 英里(约 3100 千米),其中 654 英里(约 1000 千米)已建墙。特朗普希望动用约 330 亿美元的巨资,在最需要的边境线上建一堵"高大而美丽"的墙。第一段高墙的工程始于 2018 年 2 月,地点在临近加州圣迭戈以东 120 英里的加利西哥。

四是要求墨西哥控制移民流向美国。自 2017 年初开始,来自中美洲国家的数以万计的男女老少经常性地成群结队,或步行,或搭乘交通工具,向美国挺进。美国媒体称这一移民潮为"移民大篷车"。一方面,美国在其边境线上布置大量的警察力量,严防中美洲移民进入美国;另一方面,美国要求墨西哥采取有效措施,将这些人驱离美墨边境。由于特朗普总统不满墨西哥在移民问题上的"不作为",他在 2019 年 5 月 30 日高调宣布,美国将从 6 月 10 日起,对所有墨西哥输美产品征收 5% 的关税,直到非法移民不再通过墨西哥进入美国。他还扬言,这一关税还会逐步提高,直到非法移民问题得到解决。

毋庸置疑,特朗普政府的移民政策已经在拉美引起了巨大的不满,特朗普总统在拉美的"声望"快速下降。甚至教皇也对特朗普政府

拉丁美洲

的移民政策表达了不满。他说:为了推动国与国之间的友好关系,应该建造桥梁,而非建造高墙。

事实上,特朗普政府的移民政策对美国政治同样产生了负面影响。由于特朗普总统与国会中的民主党议员无法就美墨边境线建墙的 50 亿美元拨款达成一致意见,2018 年 12 月 22 日,美国政府被迫停止运转,多个政府部门的数十万工作人员无法正常工作。这一"关门"持续到 2019 年 1 月 25 日,打破了克林顿政府创造的"关门"21 天(1995 年 12 月 16 日至 1996 年 1 月 6 日)的纪录。

美国外交政策的历史渊源

　　每一个国家的外交政策都有其历史渊源,都受到其传统文化的影响,因而会留下一些历史痕迹。中国始终奉行独立自主的和平外交政策,因为中国的"和合"文化孕育了天人合一的宇宙观、协和万邦的国际观、和而不同的社会观、人心和善的道德观、以义为上的价值观。美国的霸权主义外交政策则与19世纪先后出现的门罗主义和"天定命运"一脉相承,难以割舍。

　　1823年12月2日,美国总统门罗在致国会的咨文中提出了美国外交政策的若干原则。这些被后人称作门罗主义的原则,其核心内容就是"美洲是美洲人的美洲"(实际上也是"美洲是美国人的美洲")。我国著名美洲史专家罗荣渠教授在其发表的《门罗主义的起源和实质》(《历史研究》杂志,1963年第6期)一文中认为,门罗主义是美国侵略西半球的臭名远扬的工具,也是美帝国主义对外政策的理论基石之一。门罗主义"多年来经过美国资本主义辩护士们的层层粉饰,早被涂抹得面目全非",因而有必要"揭穿这一切粉饰,剥去门罗主义的'画皮',揭示其实质,从而认识美国对外政策的阶级本质"。

　　众所周知,美国独立时只有13个州,疆域狭小。因此,它力图把北美大陆作为其领土扩张的"天然疆界"。1836年,在美国的支持下,当时属于墨西哥的得克萨斯宣布独立。1845 年 1 月,美国国会通过了兼并得克萨斯的法案;3 月,墨西哥与美国断交;11 月,美国试图就"购买"墨西哥土地与墨西哥进行"谈判"。由于墨西哥拒绝了美国的无理要求,美国遂于 1846 年 1 月出兵墨西哥。4 月 25 日,美墨两国军队交火,5 月 13 日,美国正式对墨西哥宣战。1848 年 2 月,墨西哥被迫与美国签署《瓜达卢佩–伊达尔戈条约》,美国获得了墨西哥的约 230 万平方公里的领土。无怪乎墨西哥总统迪亚斯(1830—1915 年)感叹道:"可怜的墨西哥,离上帝那么远,离美国那么近。"

进入 19 世纪后,美国还认为,它天生就是一个伟大的国家,占领更多的领土、输出民主和统治世界是上帝赋予它的"神圣"义务,是一种"天定命运"。

"天定命运"一词是由一位名叫约翰·奥沙利文的记者在 1845 年 7 月发明的。他认为,欧洲国家"以一种敌视的态度干预美国的事务,以便赤裸裸地达到这一目标,即挫败我们的政策,束缚我们的权力,遏制我们的伟大,阻止我们实现在上帝赐予的这片大陆上为每年增加的数百万人口自由发展而扩张的天定命运"。他还认为:"我们对俄勒冈的索取依然是至高无上和无比有力的。这一索取的基础是我们拥有的在这个大陆上不断扩张,乃至占有整个大陆的天定命运的权力。"

为了实现"天定命运",美国当权者经常打出上帝的旗号。例如,在 1897 年至 1901 年期间担任美国第 25 任总统的威廉·麦金莱在谈到占领菲律宾的时候说:"当我认识到菲律宾已经落在我膝盖上的时候,说实话,我真的不知道怎么办。我问了民主党和共和党的人,但没有得到任何帮助……一个又一个晚上,我在白宫地板上踱来踱去。我这样对你说的时候,我并不感到害臊。在多个晚上,我跪在地板上,向上帝祷告,希望能得到一点启发和指点。终于有一天晚上，上帝的旨意就这样来了，尽管我不知道它是怎么来的。第一，我们不能把菲律宾退还给西班牙，那样会被看作是胆小和不忠诚；第二，我们也不能把它给我们在东方的商业竞争者法国或德国，否则那会是一笔坏生意，很丢脸的；第三，我们不能把它还给菲律宾人，因为他们无法实行自我管理，否则他们就会陷入比在西班牙统治下更差的无政府状态和苛政；第四，除了接管它以外，我们别无选择。我们要教育菲律宾人，提升他们的地位，开化他们，使他们归顺，用上帝的恩典为我们菲律宾的伙伴做我们能做的一切……然后我上床睡觉，而且睡得很香。"

在今天的美国，"天定命运"这样的说法似乎已经寿终正寝，但门罗主义却经常不断地死灰复燃。而且美国的帝国主义本性，对世界和平与发展的危害性越来越大。

拉丁美洲

"美洲增长"倡议是什么？

美国始终将拉美视为其"后院"。因此,对于中国与拉美发展关系,美国是心存芥蒂的,必然会利用一切手段遏制中国与拉美关系的良性发展。

2018年2月2日,时任美国财政部负责国际事务的帮办大卫·马尔帕斯在美国战略与国际问题研究中心举办的一个关于美国与拉美国家关系的会议上透露,为了进一步发展美国与拉美国家的关系,不断促进拉美的经济增长、民主和法治,美国政府决定提出一些有利于拉美增长的倡议。他表示,这些倡议可以被统称为"美洲增长"倡议。

2018年8月17日,马尔帕斯率领美国政府代表团访问巴拿马。访问期间,美国政府与巴拿马政府签署了关于双方在能源和基础设施领域加强合作的备忘录。美国财政部的新闻稿指出,这一备忘录的签署意味着"美洲增长"倡议正式问世。

2019年12月17日,由美国政府主办、美国商会承办的"'美洲增长'倡议'扩大版'启动仪式"在华盛顿举行。美国政府中七个部门的负责人、一些拉美国家的政府官员以及美国和拉美国家的企业家代表出席了会议。

"美洲增长"倡议是什么？

根据美国国务院公布的有关资料,"美洲增长"倡议的宗旨是:帮助拉美国家(不包括委内瑞拉、古巴和尼加拉瓜)减少在规制、法律、政府采购及市场等领域中长期存在的不利于投资的各种壁垒,促进美国私人资本向拉美基础设施领域(尤其是通信、能源、港口、道路和机场)进行投资。

"美洲增长"倡议的特点包括以下三个方面:

一是采用"全政府"模式。"全政府"是指美国政府的各个部门都参与该倡议的实施,而且美国希望拉美国家的所有政府部门也应该参与该倡议。因此,在一定程度上,这一倡议是美拉双方的所有政府部门都参与的"全政府"伙伴关系模式。

二是政府与私人部门共同参与。2018年10月5日,特朗普总统签署了《善用投资促进发展法案》。根据这一法案,美国国际开发署下属的开发信贷管理局与海外私人投资公司合并为国际开发金融公司。美国政府的有关官员表示,这一新的联邦政府机构将在落实"美洲增长"倡议的过程中发挥主导作用。由于拉美国家的资金需求量大,不能仅仅依靠国际金融开发公司,因此美国政府鼓励私人部门积极参与"美洲增长"倡议。

三是力求使美拉双方的合作实现机制化。美方表示,美国与拉美国家将通过高层外交互动、签署备忘录、开展正式或非正式的沟通、技术交流、举办区域性论坛以及利用现有的双边合作渠道等形式,使双方在"美洲增长"倡议下的合作不断机制化。迄今为止,美国已与十多个拉美国家签署了"美洲增长"倡议的合作文件。

拉美对"美洲增长"倡议的评价基本上是肯定的。许多拉美学者和媒体认为,拉美国家的资本积累能力弱,因此美国和中国在拉美的投资都是应该受到欢迎的。而且美国与中国在拉美的竞争,在一定程度上能使拉美在经济上得到更多的好处。

也有一些拉美学者和媒体指出,"美洲增长"倡议是一个以"新门罗主义"为基础的经济计划,具有地缘政治方面的动机,即美国力图与中国的"一带一路"建设决一雌雄。

还有一些拉美学者和媒体认为,"美洲增长"倡议将反美的委内瑞拉、古巴和尼加拉瓜排除在外,显然是出于意识形态方面的考虑。因此,这个倡议是排他性的,而中国的"一带一路"建设则是包容性的。

在理论上,中国的"一带一路"建设可以与美国的"美洲增长"倡议相互取长补短,在推动拉美经济发展的过程中携手并进,从而创造出一种"三赢"的局面。但在政治上,高举"门罗主义"大旗的美国不可能与中国合作。美国不仅不愿意与中国合作,而且还试图软硬兼施地要求拉美国家不要参加"一带一路"建设。一些拉美学者认为,中美之间的鹬蚌相争,使拉美这个渔翁得利不少。

政府更迭对双边关系的影响

影响双边关系的因素数不胜数，其中之一就是政府更迭。换言之，这一届政府采取的外交政策是反美，但下一届政府或许是亲美。

博索纳罗就任巴西总统后，巴西外交战略的变化显然不是微调，而是大幅度转向。这一转向的最大特点就是积极靠近美国。2019年3月17日，博索纳罗启程访问美国。这是他的首次出访。当天，他在社交媒体上写道："这是较长一段时间以来首次有一位'不反美'的巴西总统来到美国。"

为了亲近美国，博索纳罗甚至在一些重大的问题上也明确"选边站"。例如，虽然伊朗是巴西在中东地区的主要贸易伙伴，但是当美国在2020年1月3日炸死伊朗伊斯兰革命卫队圣城旅旅长卡西姆·苏莱曼尼后，时任巴西总统博索纳罗及巴西外交部立即表态，称巴西支持美国的所谓"反恐"行动，伊朗外交部召见巴西驻伊朗使馆临时代办，表达了不满。

在古巴问题上，博索纳罗同样唯美国马首是瞻。例如，当第74届联合国大会第28次会议在2019年11月7日投票决定是否应该要求美国取消对古巴禁运的决议时，187票赞成取消、3票（美国、以色列和巴西）反对取消、2票（哥伦比亚和乌克兰）弃权。这是26年以来巴西首次在联合国讨论的这个问题上与美国为伍。美国智库外交关系委员会网站的一篇文章指出,巴西的这一动作显然是为了讨好美国,破坏了拉美国家在联合国的投票中持相同或相似立场的传统,也使巴西在外交上和国际声誉方面付出不容低估的代价。

博索纳罗如此亲近美国,当然与他的个人因素有关。

博索纳罗毕业于军校,在部队服役,他与军方保持着密切的关系,并崇尚1964年至1985年期间巴西历届军政府的独裁统治。他曾说过,军政府的最大错误就是没有杀死那些持不同政见者(主要是左翼人士),而仅仅对其实施刑罚。

此外,与巴西政治舞台上传统的政治家不同,博索纳罗是一个极右的、反共的、反建制的、经常口出狂言、青睐社交媒体、极为崇拜特朗普总统,但缺乏外交艺术的国家领导人。无怪乎他被国际媒体称作"巴西的特朗普""热带特朗普"。有人认为,他是"世界上所有民主国家中最右的新法西斯领导人";还有人认为,他的当选意味着,法西斯主义已来到巴西。

毫无疑问,这样的国家领导人,一旦手中握有实权,必然会对国家的内政外交作出一些自以为是的大刀阔斧般的修改。

应该注意到,博索纳罗的思想受到了旅居美国的巴西人奥拉沃·德·卡瓦略的影响。奥拉沃是一个职业占星师,常为一些媒体撰写专栏文章,并在网络上开设哲学课程。博索纳罗总统的儿子及其内阁中的一些成员,曾是奥拉沃的学生。

20世纪60年代期间,奥拉沃是当时巴西的一个左翼组织的成员,但在90年代却变成一个极右的、反共的公共知识分子。虽然他早在2005年就开始旅居美国,但他因时常在互联网上发表一些攻击拉美的左翼力量、谩骂巴西劳工党、敌视共产主义、痛恨伊斯兰教的言论而在巴西拥有很大的正反两方面的知名度,据说关注他的网民多达50万。他在社交媒体上号召巴西人用人身攻击的方法来恫吓"共产主义者"，用葡萄牙语中最肮脏的语言来对付反对博索纳罗总统的人。他对媒体说："巴西应该吸引美国投资，因为美国人信奉基督教，是仁善的人。而中国则总会有一种战略议程，（中国的）共产主义者正在以难以置信的力量进入拉美。"

巴西的媒体及国际上的媒体都认为，奥拉沃是博索纳罗总统的"精神导师"，是博索纳罗总统所持右翼观点的"设计师"。他把博索纳罗比作美国的乔治·华盛顿。他曾说过："我的话，博索纳罗是听得进去的。"博索纳罗总统不止一次在公开场合赞赏奥拉沃。在他当选后的首次全国性演讲中，他指着自己办公桌上的四本奥拉沃写的书说："我最需要的就是上帝的旨意和宪法。我还希望得到这个伟大领袖的谆谆教导。"

博索纳罗首次访美时，曾在巴西驻美国大使官邸举办过一次正式的宴会。在餐桌上，博索纳罗总统的右侧是奥拉沃，左侧是时任特朗普总统高级战略顾问的史蒂夫·班农。在宴会的致辞中，博索纳罗总统说，他的梦想就是要在巴西消灭邪恶的左翼思想，然后他望向奥拉沃说："我们正在进行的革命，在很大程度上要归功于他。"

虽然博索纳罗在当选总统后才见到奥拉沃，但他们的关系在十年前就已建立。当时，他们常通过互联网讨论各种各样的问题，进行思想上的交流。2012年，博索纳罗的长子、时任里约热内卢州议会议员弗拉维奥曾专程赴美国，在奥拉沃家中将里约热内卢州授予他州议会颁发的最高级别荣誉勋章面呈于他。奥拉沃与爱德华多（博索纳罗之子）的关系尤为密切。2017年，爱德华多在奥拉沃的家中录制了一段视频。在视频中，爱德华多说："奥拉沃是正确的。"在博索纳罗参加竞选时或上台后，爱德华多与奥拉沃经常沟通。爱德华多会把奥拉沃的话一字不漏地转告其父。在奥拉沃的推荐下，温特劳布被博索纳罗任命为巴西教育部部长。这位部长上任后曾扬言要将联邦大学的行政经费削减 30%,因为这些大学被他视为宣传"文化马克思主义"的场所。

　　历史是人民创造的,但领袖有时也会创造一种特殊的历史。

"后卡斯特罗时代"的古巴

2021 年 7 月 11 日,古巴首都哈瓦那等地发生了一千多人参与的反政府示威游行。这是 1959 年古巴革命胜利以来古巴发生的规模最大的一次反政府活动,也是古巴在进入"后卡斯特罗时代"后出现的首次反政府活动。这一活动或许会使古巴共产党和政府更加重视民生问题,但古巴内政外交的以下五个大方向不会发生根本性的变化。

第一,古巴不会放弃走社会主义道路。2018 年 4 月,在古巴第九届全国人大会议上,劳尔·卡斯特罗卸任古巴国务委员会主席兼部长会议主席(但继续担任古共中央第一书记),米格尔·迪亚斯-卡内尔·贝穆德斯接任。2021 年 4 月,在古巴共产党第八次全国代表大会上,劳尔·卡斯特罗卸任古巴共产党中央委员会第一书记,迪亚斯-卡内尔接任。古巴从此正式进入"后卡斯特罗时代"。

古巴人民走社会主义道路已有六十年,共产主义思想已深入人心。面对美国全方位的经济封锁,古巴人民在古巴共产党的领导下,仍然在经济和社会发展领域取得了不小的成就。尤其是在社会发展领域,古巴人民真正享受到了社会主义的优越性。

此外,古巴共产党是这个国家的唯一合法政党。除古巴共产党以外,没有一种政治力量能够领导一千多万人民。因此,古巴人民不

拉丁美洲

会在"后卡斯特罗时代"放弃共产党的领导,不会放弃社会主义制度。菲德尔·卡斯特罗曾多次说过:"虽然艺术家死了,但他的作品仍然挂在墙上。"古巴党中央机关报《格拉玛报》的一些文章也认为:"在古巴的词典中没有'变天'这个词。"可以预料,7月11日发生的反政府示威游行不会对古巴政局稳定产生严重的不良后果,古巴还将继续走社会主义道路。

第二,古巴改革开放的步伐可能会加快。在7月11日发生的反政府活动中,参与者的诉求是"要自由""要面包"。但更多的参与者希望表达的是其对经济困难现实的不满。

古巴经济始终得不到快速发展。这与美国对古巴实施的长达60年的经济封锁以及古巴中央计划经济体制中存在的种种弊端息息相关。当前,在新冠疫情的影响下,古巴经济确实陷入极为严重的不景气。

在菲德尔·卡斯特罗当政期间,古巴改革开放的步伐很慢。劳尔·卡斯特罗当政后,改革开放的步伐有所加快。例如,吸引外资的力度开始加大,政府对私人部门的管制有所放松。迪亚斯–卡内尔表示要继续扩大改革开放,以提高人民群众的生活水平。可以预测,古巴共产党和政府今后可能会更加重视民生问题,并为此而采取一些加大改革开放力度的措施。

其实,国际上的一些分析人士早就认为,在"后卡斯特罗时代",古巴会加大改革开放的力度,并使古巴成为"加勒比海中的中国",即政治上坚持走社会主义道路,经济上坚持推进改革开放。

第三,古巴人民享受的社会福利不会减少。古巴在走社会主义道路时,始终坚持"以人为本",非常重视人民群众的社会福利。因此,虽然古巴经济发展水平低下,许多类型的基本必需品实行定量供应,但古巴人民依然能享受全民免费医疗和全民免费教育。其结果是,长期以来,古巴始终存在着这样一种反差:做一个心脏移植手术比得到一片阿司匹林容易,得到一个大学文凭比得到一支圆珠笔容易。

在"后卡斯特罗时代",古巴在扩大改革开放、逐步发挥市场经济作用时,不会减少古巴人民享受的社会福利。在一定程度上,正是因为古巴共产党和政府为人民提供了全民免费医疗和全民免费教育,所以古巴人民热爱社会主义、拥护古巴共产党的决心不会发生改变。在7月11日反政府示威游行发生后,迪亚斯-卡内尔立即要求"古巴革命的维护者"和"所有共产主义者"上街,防止反政府活动的再次出现。

第四,美古关系难以得到进一步的改善。古巴革命胜利后不久,美国就开始对其实行封锁和制裁政策。2014年12月,古巴同美国启动关系正常化进程。2015年7月,两国恢复外交关系。2016年3月,时任美国总统奥巴马对古巴进行国事访问。但在2017年11月,特朗普政府却开始强化对古巴的制裁。拜登入主白宫后,迄今为止尚未采取任何有意改善美古关系的举措。2021年6月23日,联合国大会第29次通过决议,要求美国解除对古巴实施禁运及经济制裁。但是可以预料,拜登政府不可能放弃对古巴的制裁。一方面,由于美古复交是在奥巴马政府时期实现的,因此拜登总统或许不会加大对古巴的制裁力度;另一方面,美国国内敌视古巴的势力十分强大,因此拜登政府对古巴的政策必然会受到这一势力的掣肘。这意味着,美古关系在近期内会处于不冷不热的僵持状态,甚至不能排除美国在古巴国内继续制造动乱的可能性。与此同时,在国际舞台上,古巴反对美国霸权主义的立场以及对正义的追求不会发生变化,对中国、委内瑞拉和伊朗等国的支持也不会发生变化。

第五,中古关系会继续推进。古巴是与中国建交的第一个拉美

拉丁美洲

国家。虽然两国关系曾在 20 世纪 60 年代后期出现过波折,但自 80 年代末以来,两国关系是健康而和谐的。尤其在古巴面临苏联解体导致的"特殊时期",中国曾为古巴提供了大量经济援助。在过去的十多年里,中国在古巴的投资快速增长。目前,中国是古巴第一大贸易伙伴,古巴是中国在加勒比地区的第二大贸易伙伴。中国境内暴发新冠疫情后,迪亚斯–卡内尔向习近平主席致慰问电,还向中国捐赠抗疫物资。古巴出现新冠疫情后,中国为其提供了多批抗疫物资,并分享诊疗经验。从一定意义上看,古巴的对华政策不会发生不利的变化。

综上所述,虽然古巴进入了"后卡斯特罗时代",但古巴的内政外交不会发生根本性的变化。

一周三个总统

任何一个国家要想取得发展,必须确保其国内的政局稳定,这是一个颠扑不破的规律。

2001年下半年,南美洲国家阿根廷爆发了金融危机。这一危机之所以引人注目,既是因为它的破坏力很大,也是因为短短的十天时间内出现了五位总统。

由于金融危机导致国内多地爆发了严重的社会骚乱和流血事件,仅仅担任了两年阿根廷总统的德拉鲁阿不得不在12月20日向议会提出了辞去总统职务的请求。是日晚上七点半,他慌慌忙忙地在总统府楼顶搭乘直升机离开。当时,总统府外聚集了许多抗议的民众。在夕阳的照射下,警察释放的催泪弹烟雾更为令人恐惧。翌日,他宣布辞去总统职务。

根据阿根廷宪法的规定,总统辞职后应由副总统接任。然而当时阿根廷没有副总统,因为副总统早已辞职,新的副总统职位出现了空缺。于是,根据宪法的规定,参议院议长拉蒙·普埃尔塔成为临时总统。同样是根据宪法的规定,普埃尔塔的任期为48小时。换言之,在48小时内,阿根廷的立法机构必须任命一名代总统,任期到2003年12月的换届选举。

23日上午,议会任命圣路易斯省前省长阿道弗·罗德里格斯·萨阿为代总统,任期到翌年4月5日止。但是一周后,即12月30日,萨阿因未能得到其所在政党的支持而突然宣布辞职。根据宪法的规定,普埃尔塔应该再次接任临时总统,但他不愿意。因此,他宣布辞职。接着,众议院议长爱德华多·卡马尼奥在31日下午就任阿根廷临时总统。同样是根据宪法的规定,卡马尼奥的任期为48小时。2002年元旦,爱德华多·杜阿尔德出任阿根廷代总统。至此为止,在短短的12天时间内,阿根廷先后出现了五位总统。

不足20年后,这种频繁更换总统的闹剧再次发生在另一个拉美国家。

2020年9月10日,反对派议员埃德加·阿拉尔孔向国会提交了3段录音,其中包含了时任秘鲁总统比斯卡拉与政府官员关于如何回应秘鲁歌手理查德·西斯内罗斯合同丑闻的对话。反对派议员指控比斯卡拉为西斯内罗斯"行方便",并试图阻碍针对涉案官员的调查。据媒体披露,西斯内罗斯近3年曾与秘鲁文化部签订过9份聘用合同,领取超常规的高额薪酬。

同日,数十名秘鲁国会议员联名发起弹劾比斯卡拉的动议。翌日,秘鲁国会批准了该动议,启动弹劾总统程序。一周后,秘鲁国会对总统弹劾案进行辩论和最终投票表决,结果未获得足够支持票,弹劾案未通过。

9月30日,秘鲁总统马丁·比斯卡拉解散国会,宣布在2020年举行国会选举,以推进宪法改革。但是反对派议员不接受总统的决定,甚至还暂停比斯卡拉总统职务,并任命副总统梅塞德丝·阿劳斯为临时总统。由于秘鲁军队总参谋长和警察总长支持比斯卡拉总统,阿劳斯决定辞去国会任命的秘鲁临时总统职务。一场持续了数小时的宪法危机就此结束。

但比斯卡拉并不能高枕无忧。10月20日,反对党指控比斯卡拉在 2014 年出任南部莫克瓜省省长期间涉嫌收受政府工程承包商贿赂款，因此不具备继续任职的道德品质。11 月 2 日，秘鲁国会通过弹劾比斯卡拉的动议，要求他于 9 日接受国会质询并自我辩护，然后由国会议员讨论表决。

比斯卡拉在国会辩论前进行了辩护。他说，反对派提出的受贿证据是"虚假"的。因此他认为，在没有确凿证据和法律依据的情况下，国会不能以"德不配位"为由弹劾总统，否则就是侵犯其"正当程序权"。但国会最终还是在 9 日以涉嫌贪腐为由，投票通过了对总统比斯卡拉的弹劾议案，解除了比斯卡拉的总统职务。

根据秘鲁宪法，总统不能履行职责时，应由副总统接替。由于秘鲁副总统阿劳斯在 2019 年 10 月已辞职，国会主席梅里诺接替总统职位。

比斯卡拉曾经作为秘鲁前总统库琴斯基的竞选搭档参加 2016 年总统大选。竞选成功后，他担任秘鲁第一副总统兼运输和通讯部部长。2017 年，他辞去部长职务，并赴加拿大担任秘鲁驻加大使。2018 年 3 月，比斯卡拉接替因涉嫌腐败而辞职的库琴斯基就任总统。

比斯卡拉在执政的两年时间内采取了一些深得人心的反腐败措施，因此，他在秘鲁民众中有一定的威望。他被弹劾后，秘鲁多地发生了示威游行。在警察与抗议者的冲突中，两人中枪身亡，一百多人受伤。面对这一乱局，上任仅六天的梅里诺以及超过七成的新内阁成员在 15 日被迫辞职。16 日，76 岁的议员弗朗西斯科·萨加斯蒂当选新一任国会主席，并按照宪法程序接任秘鲁总统职务。这意味着，秘鲁在一周内先后出现了三个总统。

拉丁美洲

南方共同市场难以构建统一货币

2019 年 6 月 6 日，素有"巴西特朗普"之称的巴西总统博索纳罗对邻国阿根廷进行首次正式访问。在访问期间，他说，巴西与阿根廷两国应该构建一个名为"比索–雷亚尔"的统一货币，在条件成熟时将其流通范围扩大到南方共同市场的另外两个成员国（乌拉圭、巴拉圭）。他甚至还表示，这个统一货币应该在未来扩展到整个南美洲地区。

南方共同市场是四个南美洲国家（巴西、阿根廷、乌拉圭和巴拉圭）根据 1991 年 3 月 26 日签署的《亚松森条约》成立的一个区域经济一体化组织。根据这一条约，南方共同市场的经济合作方式包括以下四个方面：一是通过逐步取消关税壁垒和非关税壁垒，在成员国内部实行商品、服务和生产要素的自由流通；二是对第三国或由国家集团组成的第三方，设立共同对外关税，并采取共同的贸易政策，以增强四国的竞争力；三是在地区性或国际性经贸论坛上协调四国立场；四是在成员国之间协调宏观经济政策、部门经济政策以及外贸、工农业、财政、货币、汇兑、资本、服务、海关、运输和通信等领域中的政策，以确保成员国在适当的条件下开展合作和竞争。

我们不能全盘否定四国在推动区域经济一体化的道路上取得的成绩。例如，四国的公民可以在不需要护照和签证的条件下，凭身份证自由出入;又如,四国的多种进出口商品可以享受免税或低关税的优惠;再如,根据关税同盟的规则,四国对来自非成员国的产品实行统一关税。

但是南方共同市场在可预见的将来难以构建一个统一货币。这与以下三个不利条件有关:

第一,一体化程度不深。虽然南方共同市场已过而立之年,但其一体化程度很难说是令人满意的。例如,一体化组织成员国之间的贸易往来占其对外贸易总额的比重,被认为是该组织一体化程度的重要指标。欧盟成员国相互之间的贸易占其对外贸易和投资总额的比重早就超过50%,而南方共同市场的这一比重不足20%。

欧元问世以前,欧盟内就已经实现了人员、商品、资本和服务的"四大自由流动"。迄今为止,南方共同市场仅仅实现了人员的自由流动。这样一种低层次的一体化显然无法满足统一货币对一体化程度的要求。

第二,政治意愿不强。政治意愿既是国家领导人的意志,也是民众的愿望和诉求。由于统一货币涉及南方共同市场成员国的主权问题,博索纳罗提出构建统一货币的设想后,四国政治家的反应是冷淡的,甚至有人认为这是博索纳罗的胡思乱想而已。

在博索纳罗发表其"高见"后不久,巴西央行的有关官员就表示,他们事先根本不知道博索纳罗总统的想法,而且巴西央行并未制定与阿根廷央行讨论如何推出"比索—雷亚尔"的工作计划。总统与央行之间的这样一种"各行其是",确实令人发笑。

事实上,民众的反应也是负面的,因为他们的民族主义情感很强烈,很难接受本国央行放弃货币发行这一事实。须知,想当年,面对深陷金融危机的阿根廷,一些美国经济学家认为,阿根廷应该放弃原来的"货币局"汇率制度,采用"美元化"。许多阿根廷人愤怒地表示,除非美元纸币印上阿根廷"国母"艾薇塔·庇隆的头像,否则阿根廷不会把美元作为本国的法定货币。

第三,经济条件不成熟。货币在国民经济中的重要地位是不言而喻的,两者相辅相成,相得益彰。欧元的问世和成长经历表明,使用统一货币的国家必须具备以下两个基本条件:一是良好的经济形势及经济增长潜力,二是统一的宏观经济政策。毫无疑问,南方共同市场缺乏这两个条件。例如,长期以来,巴西和阿根廷的经济形势持续萎靡不振,令人担忧,阿根廷甚至尚未走出 2018 年金融危机的影响。在这种情况下,强硬推出一个货币联盟,必然会对经济形势造成更大的破坏。又如,四国的宏观经济政策(尤其是财政政策)有着很大的差异性,而且还常常随着政府的更迭而变化无常。统一货币不仅不会消除这些不确定性,而且还可能导致金融危机、银行危机或货币危机的爆发。

博索纳罗在参加 2018 年巴西总统竞选期间曾多次说过,如果他能当选,他将使巴西退出南方共同市场,因为巴西不仅未能从这个一体化组织中获得多少好处,而且还付出了不少代价。上台半年后,博索纳罗就改变了对该组织的看法,并提出了构建统一货币的宏伟设想,不能不使人对其政治成熟度表示怀疑。无怪乎一些巴西经济学家认为,博索纳罗提出的关于统一货币的建议,无非是为其个人政治利益服务的一种手段而已。

不论博索纳罗是否真心诚意地要推动四国的经济一体化,必须注意的是,在他访问阿根廷期间,一些阿根廷人组织了一次抗议活动,反对他访问阿根廷。有些抗议者高举这样的标语:阿根廷不要博索纳罗!

如何提升拉美国家的社会凝聚力？

社会凝聚力就是一个国家的社会各阶层及其成员的向心力。用一句通俗的话来说，社会凝聚力就是老百姓心往一处想的程度和劲往一处使的力度。因此，社会凝聚力的大小与社会团结、社会稳定、社会和谐的程度成正比。

社会凝聚力与一个国家的经济发展水平无直接的因果关系。例如，在美国这样一个发达国家，久治不愈的种族主义使其社会凝聚力变得十分脆弱。特朗普之类的政客得势后，美国的社会凝聚力呈现出越来越弱化的趋势。2021 年 1 月 6 日美国国会山爆发的骚乱，就是一个有力的证据。

同在大洋彼岸的拉美，社会问题成堆，两极分化严重，社会稳定始终是一个老大难问题。这一切当然与社会凝聚力不强有着非常密切的关系。

联合国拉丁美洲和加勒比经济委员会（以下简称"拉美经委会"）对拉美的经济和社会发展有着重要的影响。长期以来，该机构一直在倡导拉美国家要重视社会凝聚力，并提出了若干颇有价值的政策建议。

拉美经委会认为，社会凝聚力是指社会各成员在社会中的归属感及对社会发展目标的认同感。这一归属感和认同感与社会容纳机制、社会成员的行为及其对社会价值的判断有关,与社会容纳机制包含的就业、教育,以及确保社会公平的政策有关,与社会成员的行为和对社会价值的判断有关,与社会成员对制度、社会资本、社会团结和社会规则的信任有关,也与其参与社会发展进程的意愿和集体努力有关。

社会凝聚力是一个较为抽象的概念,但拉美经委会认为,可以用两个指标体系来衡量其大小:一是与物质能力有关,主要包括收入水平、贫困化程度、失业率、入学率、预期寿命、儿童免疫接种的普及率、能否居住在拥有卫生设施的住房、社会保障的覆盖面以及数字鸿沟(如儿童和成年人在学校和家庭可否使用因特网)。二是通过民意测验等方式取得的人们对下述问题的主观判断:能否尊重文化的多元性、人与人之间的信任度以及民众对政治和集体活动的参与程度?

与社会凝聚力相悖的就是社会排斥。拉美经委会认为,任何社会总有部分社会成员因受教育机会少或收入水平低而处于社会的底层。这些人长期被排斥在国家政治、经济和文化生活之外,很容易成为社会不稳定的根源之一。强化社会凝聚力的目的,就是要使每个人都成为社会大家庭的一员,以社会容纳取代社会排斥。

如何才能提升拉美国家的社会凝聚力?拉美经委会提出了三个主张:

第一,要通过大力发展经济来扩大就业。就业之所以重要,是因为就业构成了拉美家庭收入的主要来源(约占80%)。就业是经济发展与社会发展之间最重要的纽带,因为快速发展的经济能创造出更多的就业机会,提高人们的收入水平,从而达到加快社会发展的目的。

扩大就业的重要性还在于能缩小非正规经济部门的规模。非正规经济又称"地下经济"或"灰色经济"。拉美的非正规部门规模很大，游离于政府的管理体系之外，在其中谋生者不仅得不到足够的劳动安全保护，无法享受正规社会保障制度提供的福利，而且工资水平低。缩小非正规经济有助于增加劳动者的安全感、稳定感和成就感，从而达到强化社会凝聚力的目的。同时，还要加强对正规经济部门中劳动者的保护，并增加其就业的稳定性。据调查，在不少拉美国家正规部门中，许多劳动者不仅感到劳动所得很低，而且来之不易的就业机会也可能随时失去。这种感受和担忧显然不利于社会凝聚力的提升。

为了使劳动者摆脱经济周期的变化对劳动力市场产生的负面影响，在经济周期进入低潮后应该实施某些紧急就业计划，以创造出一些应急性的短期就业机会。这些就业机会多属于劳动力密集型，主要来自与国民经济发展息息相关的基础设施建设。紧急就业计划既可以改善基础设施，又能创造就业机会，从而减少影响社会凝聚力的不良因素。

第二，要发展教育。教育有助于提升人的能力，从而使每个人都能获得相对公平的脱贫或致富机会；有助于消除或减少贫困，保护弱势群体，从而达到强化社会凝聚力的目的。教育还能通过传播知识来改变人的价值观和对待他人的态度，从而使人更容易接受其他文化，宽容地对待其他种族，这种相互尊重也有助于提高社会凝聚力。政府必须在发展教育事业的过程中起主导作用；必须为贫困阶层和落后地区的儿童接受正规、高质量和公平的义务教育提供财政上的支持。

第三，要加强社会保护。任何人都面临着因失业、生病、年老等因素导致收入水平降低的风险。如果人们能够感受到社会对自己的需求有所反应，体会到社会是一个合作、平等协商和有能力解决争

拉丁美洲

端的体系,认识到社会能够帮助个人化解各种风险,那么他们就会有安全感,就愿意为维系社会安定做出贡献。可见,社会保护是与社会凝聚力密切相连、实实在在的政策工具。政府应该把社会政策和福利更多地分配给弱势群体。如果社会把不同的人分为不同等级的公民,那么社会凝聚力就无法得到强化。

在拉美,只有那些正规部门的就业者才可享受社会保障体系提供的保护,儿童、老年人、失业者和非正规部门中的就业者,则必须依靠政府提供保障。这就对政府的财力提出了很高的要求。在许多拉美国家,虽然政府的政治意愿很强,但它们难以获得足够的财力来实施庞大的社会保护计划。

综上所述,社会凝聚力的理念有以下特点:一是注重经济发展的重要性,即只有把蛋糕做大,才能进一步强化社会凝聚力;二是重视发挥社会每个成员的作用,其有效手段就是通过发展教育来提升人的能力和素质;三是关注政府在强化社会凝聚力过程中的重要作用。

拉美经委会的社会凝聚力理念得到了国际社会的认可和赞赏。2007年11月,在智利首都圣地亚哥召开的第17届伊比利亚美洲国家首脑会议将社会凝聚力作为会议主题。会议通过《圣地亚哥声明》和《行动计划》等文件,进一步强调拉美国家强化社会凝聚力措施的重要性和必要性。时任联合国秘书长潘基文在会议开幕式上说,社会凝聚力也是联合国在全球范围内积极倡导的理念,是实现联合国制定的《千年发展目标》《土著人民权利宣言》和《残疾人权利公约》的必要条件之一,符合联合国在全球范围内致力于维护和平、加快发展和保护人权的努力。西班牙的一个智库也认为,过去,拉美很少谈论社会凝聚力,认为这是一种乌托邦的幻想;但今天,无论是政府还是非政府组织,无论是企业还是民众,都在关心如何通过强化社会凝聚力来解决社会问题。因此,尽管拉美的社会问题根深蒂固,但社会凝聚力理念的提出,无疑是朝着积极的方向迈出了一大步。

他山之石,可以攻玉。拉美经委会对社会凝聚力的认识,有助于我们更好地认识中国的社会凝聚力。

拉
丁
美
洲

欧洲

中国在欧洲的投资是"双赢"

2014 年 1 月 21 日至 23 日，中欧投资协定首轮谈判在北京举行。2020 年 12 月 30 日,中欧领导人共同宣布已如期完成中欧投资协定谈判。该协定对标国际高水平经贸规则,有力地推动了中欧双向投资高质量发展,为中欧企业提供更大的市场准入、更高水平的营商环境、更有力的制度保障和更光明的合作前景。但是 2021 年 5 月 20 日,欧洲议会却决定冻结有关批准中欧投资协定的讨论。毫无疑问,欧洲议会的这一决定沉重地打击了中欧关系。

英国《经济学人》杂志(2011 年 6 月 30 日)的一篇文章写道,从英国首都伦敦的金融区金丝雀码头打车到英格兰银行的所在地,你会觉得你好像是在中国。制造黑色出租车的英国锰铜公司中有中国吉利汽车公司的股份,而且吉利还拥有沃尔沃。中国投资公司已成为英国歌鸟地产公司的第三大所有者,甚至可能会收购伦敦的花旗大楼。英格兰银行还没有被中国人拥有,但它的周围有许多中国银行。1929 年就来到伦敦的中国银行不久后就将迁入鸟瞰英格兰银行的一个新楼。沿着这条威廉街往前走,可以看到工人们正在中国工商银行的办公楼内装修。

的确,随着中国经济实力的增强,中国企业"走出去"的步伐不断加快。而且,绝大多数欧洲国家政治稳定、国富民强、科技发达、劳

欧

洲

157

动力素质好、法制体系健全、国际知名品牌多、市场容量大且开放度高。此外,在欧洲债务危机的打击下,一些国家为减轻政府财政负担也加快了国有企业私有化的步伐。所有这一切有利条件都使得欧洲越来越成为中国青睐的投资场所。

中国在欧洲的直接投资主要集中在商务服务业、制造业、金融业、采矿业、交通运输、仓储、邮政、农业、科研、技术服务、地质勘查、房地产、住宿及餐饮、电力、煤气、供水及居民服务等领域。

中国的投资对欧洲产生了不容低估的积极影响。

首先,中国的投资满足了欧洲的资本需求。尤其在经受 2008 年国际金融危机和欧洲债务危机的打击后,欧洲对外资的需求似乎更为迫切,因此,中国的投资无疑发挥了"及时雨"的作用。此外,中国的投资加强了世界各国投资者在欧洲的竞争,从而提升了欧洲资产的价值。例如,长江三峡集团公司以高出报价 53% 的优势击败了其他竞争者,获得了葡萄牙电力公司 21% 的股权。

其次,中国在欧洲的投资创造了保贵的就业机会。这些就业机会既有中国投资新创造的,也有欧洲企业在获得中国投资后保留的。例如,吉利收购沃尔沃后,使这个欧洲汽车制造公司保留了原有的约 1.6 万个就业机会,从而降低了失业率。

最后,与中国投资相伴而行的先进技术使欧洲消费者受益匪浅。外国投资与技术引进的关系非常密切。如在世界电讯技术领域,中国企业既带去了世界领先的技术,也使欧洲电讯市场的竞争更为激烈,从而使消费者在价格上获得了较多的福利。

当然,中国投资欧洲也使中国受益匪浅。除了丰富中欧全面战略伙伴关系的内涵以外,投资欧洲还使中国实现了外汇资产的多元化,从欧洲获得了大量先进技术和现代化管理技能,扩大了在欧洲市场的份额,甚至还在一定程度上减少了中欧双方在商品贸易领域中的摩擦。

　　中欧投资协定历经 7 年谈判达成,双方都付出了巨大努力,成果来之不易。该协定不是欧盟对中国的"恩赐",而是互利互惠的法律文件。这既有利于欧洲,也有利于中国,因而是一种实实在在的双赢。欧洲议会冻结对该协定的审议,既伤害了中欧关系,也打击了欧洲企业的利益。

欧

洲

欧洲是不是美国的"跟屁虫"？

2021 年 7 月初清华大学召开的"世界和平论坛"有一个讨论题是关于中欧关系的。在提问环节，我向欧盟驻华大使、英国驻华大使和意大利驻华大使提了这样一个问题："在你们的有生之年，你们认为欧洲在外交政策领域会不会有自己的独立性，不再做美国的跟屁虫？"

欧盟大使是这样回答的："你的问题很好，但它是一个错误的问题。作为欧盟大使，我从来没有接到华盛顿的指令。"然后他转过头去问英国驻华大使和意大利驻华大使："华盛顿给你们发指令了吗？"他又说："特朗普当政时，美国的外交政策是一个灾难。我们欧洲做了很多工作，费了很大的劲，试图把美国的外交政策拉回正轨。拜登上台后，我们继续努力。对于我们欧洲做的这一切，中国媒体报道了吗？我告诉你，在许多问题上，欧洲与美国是有分歧的。"

欧盟大使在回答我的问题时，看起来好像情绪很激动，甚至有点生气。

且不论欧盟驻华大使的回答是不是道貌岸然，可以肯定的是，在外交政策领域，欧洲与美国采取的行为，一致性多于分歧。例如，美国经常打着"人权"的旗号，在涉台、涉港、涉疆、涉藏等问题上干涉中国内政，并多次制裁中国。2021 年 3 月 22 日，欧盟基于谎言和虚假信息,以所谓"新疆人权问题"为借口对中国有关个人和实体实施单边制裁。欧方此举不顾事实、颠倒黑白,粗暴干涉中国内政,公然违反国际法和国际关系基本准则,严重损害中欧关系。中方对此表示坚决反对和强烈谴责。中国政府捍卫国家主权、安全、发展利益的决心坚定不移。中方决定对欧方严重损害中方主权和利益、恶意传播谎言和虚假信息的 10 名人员和 4 个实体实施制裁。

2020 年 12 月 30 日,中国国家主席习近平在北京同时任德国总理默克尔、法国总统马克龙、欧洲理事会主席米歇尔、欧盟委员会主席冯德莱恩举行视频会晤。中欧领导人共同宣布如期完成中欧投资协定谈判。

这是一个极大的好消息,有利于推动中欧关系的发展。但是 2021 年 5 月 20 日,欧洲议会却以 599 票同意、30 票反对、58 票弃权的绝对优势,通过了一个关于冻结审议中欧投资协定的决议。该决议称,欧洲议会只有在中方解除制裁后才能放弃这一冻结。该决议还主张,欧洲要与美国合作,共同对抗中国。

当然,为了自身的利益,欧洲有时也会与美国唱反调。例如,作为欧洲最重要的两个国家,德国和法国明确反对美国入侵伊拉克。在 2003 年 3 月 20 日召开的联合国安理会成员国外长会议上,时任德国外长费舍尔对英国外交大臣斯特劳和美国国务卿鲍威尔说:"除了担心战争将给该地区的长期稳定造成灾难性后果外,我们还担心军事打击会给世界各国联合打击恐怖主义的行动带来负面影响,这是我们反对采取军事行动的根本原因。"法国外长德维尔潘说:"既然我们能通过和平手段解除伊拉克的武装,我们就不应再去冒可能会使无辜平民和士兵丧命的危险,不应再去冒危及地区稳定和扩大不同民族、不同文化之间差异的危险。我们不应冒险,让恐怖主义势力趁机得到喘息和壮大的机会。"

欧

洲

　　2003 年 1 月 22 日,时任美国国防部部长拉姆斯菲尔德在回答荷兰记者提出的一个关于一些欧洲国家反对美国入侵伊拉克的问题时,把不支持伊拉克战争的德国、法国说成是"老欧洲"。拉姆斯菲尔德已撒手人寰,但欧洲人至今没有忘记"老欧洲"这一贬损欧洲的说法。

　　2014 年 3 月克里米亚危机爆发后,欧盟与美国联手,对俄罗斯实施了有力的制裁。但是欧盟的能源安全与俄罗斯息息相关。这是欧盟无法在如何制裁俄罗斯这一重大问题上与美国达成高度共识的主要原因。

　　想当年,在俄罗斯与乌克兰之间的"天然气争端"中,由于俄罗斯几乎切断了输往乌克兰的天然气,欧盟的多个成员国曾深受寒冬之苦,工业生产和人民生活也受到一定的影响。

　　作为欧盟中的"老大",德国对俄罗斯能源的依赖程度极高。为了进口更多的俄罗斯天然气,德国和俄罗斯决定在波罗的海海底铺设一条天然气管道。然而这个被称作"北溪 2"的工程遭到了美国的制裁。这又充分说明,欧美之间确实是有利益冲突的,并非铁板一块。

　　2021 年 7 月 14 日,时任德国总理默克尔访问美国。这是她在 9 月卸任前的最后一次访美。拜登在与默克尔会晤时称她为"伟大的朋友、私人朋友,也是美国的朋友",并会想念她。默克尔称拜登为"亲爱的乔"。但一些欧洲媒体说,默克尔与拜登共同展示了德美友谊的姿态,却没有在存在矛盾的议题上取得任何突破。

爱尔兰房地产泡沫破裂的教训

　　在任何一个国家,房地产业都是极为重要的。一方面,房地产业能创造巨大的财富,成为国民经济的重要组成部分;另一方面,房地产业与民众的生活息息相关。

　　工薪阶层希望房价低或上涨幅度小一点,而房地产开发商则希望房价能快速上涨,以便获得更多的利润。

　　但是如果政府不能把房价的涨幅控制在一定的范围内,房地产泡沫就会出现。而且房地产泡沫一旦破裂,由此而来的损失和代价是十分巨大的。

　　自 20 世纪 90 年代起,爱尔兰经济开始快速发展。确实,在不足一代人的时间内,爱尔兰就从欧洲最穷的国家之一发展成欧洲最成功的国家之一。但是由于房地产泡沫破裂,爱尔兰经济在 2008 年陷入了前所未有的危机。因此,认真总结爱尔兰房地产泡沫的形成与破裂的过程,无疑是大有裨益的。

　　爱尔兰曾是一个非常贫穷落后的国家,有时甚至被称作"欧洲的乞丐"。爱尔兰历史学家汤姆·加尔文曾说过:"20 世纪 50 年代的都柏林是一个第三世界城市。道路上没有汽车,只有马和光着脚的儿童。许多人生活在贫民窟中,家里没有电视机,没有卫生间。当时的爱尔兰真是一个贫困潦倒、没有前途的国家。"

欧

洲

1973年，爱尔兰加入了欧洲经济共同体。这一被称作"欧洲化"的重大措施为爱尔兰进一步扩大开放提供了强有力的动力，也使爱尔兰经济受益匪浅。

经济的快速增长为房地产业的发展奠定了基础，房地产业的发展则又在一定程度上推动了经济增长。尤其是家庭可支配收入的增加及人口的增长等因素，有力地刺激了爱尔兰人的购房兴趣。

一方面，房地产需求的扩大为房地产业的快速发展奠定了基础；另一方面，房地产价格的大幅度上升也为房地产泡沫的形成创造了条件。自2007年起，由于不断上涨的房价制约了需求，爱尔兰的房地产市场出现了供大于求的不良局面。虽然房价在下跌，但需求未见扩大，许多新建住房被闲置，房地产泡沫开始出现破裂的迹象。

2008年9月，美国雷曼兄弟公司的倒闭诱发的国际金融危机对爱尔兰房地产业产生了非常大的负面影响。这与以下两个因素有关：一是国际金融危机减少了国际金融市场上的流动性，爱尔兰银行难以获得足够的外部资金，资金周转失灵；二是国际金融危机沉重地打击了爱尔兰房地产开发商和购房者的信心。

此外，爱尔兰的国际贸易也面临着不小的挑战。例如，国际市场上能源价格的上涨增加了进口费用，欧元的升值以及主要贸易伙伴经济增长率的下降则对爱尔兰的出口贸易产生了负面影响。

上述外部因素与早已出现的供过于求的困境结合在一起，终于使爱尔兰房地产泡沫在进入2009年后不久就破灭了。

房地产泡沫的破裂加剧了爱尔兰面临的银行危机，银行危机的爆发进而诱发了财政危机、经济危机和政治危机。

为防止爱尔兰危机的"传染效应"进一步扩散，欧盟和国际货币基金组织要求爱尔兰接受外部援助。爱尔兰政府最初不同意，但鉴于经济形势未见好转,且有不断恶化之虞,爱尔兰政府被迫在 2010 年 11 月 28 日宣布,同意接受欧盟和国际货币基金组织提供的 850 亿欧元纾困。

反对党认为,接受欧盟和国际货币基金组织的援助是执政党的"失败",一些议员甚至认为执政党出卖了国家经济主权,并要求立即提前举行大选。但执政党则认为,这一救助不会导致爱尔兰失去经济主权。

爱尔兰房地产泡沫的形成与破裂,为我们提供了以下三个有益的启示:

第一,要提防房地产泡沫诱发的"非理性繁荣"。"非理性繁荣"是美国联邦储备委员会前主席格林斯潘在 1996 年分析股票价格与风险预期、通货膨胀等因素的关系时提出的概念。他认为,"非理性繁荣"能将资产价格提升到"不适当"的高度,接着就会出现意料不到的长期性的"缩水"。此后,国际上的许多学者将"非理性繁荣"这一概念扩展到包括股票市场、房地产市场等更宽的经济领域。

房地产业与国民经济中其他产业的"前向联系"和"后向联系"很密切,因此房地产业的快速发展确实能对经济增长做出重大的贡献。然而,正是因为房地产业具有上述特点,所以它很容易制造出泡沫和"非理性繁荣"。

盎格鲁-爱尔兰银行主席德莫特·格利森在 2009 年 5 月表达的下述感叹或许是一服迟到的"后悔药":"我们喝了太多的自信酒。举国上下的自信心态酿造了这杯酒。"

第二,信贷泡沫是助长房地产泡沫的"元凶"之一。在影响房地产市场供求关系和房地产价格的诸因素中,银行的放贷规模非常重要。房地产价格的上升使银行的回报增加,反之则会减少其回报,并导致银行的资产质量下降,进而损害其进一步放贷的能力。无怪乎

欧

洲

2004年国际货币基金组织出版的《金融稳定指标编纂指南》将房地产市场作为衡量金融体系是否稳定的指标之一。

因为银行的放贷是房地产业所需资金的主要来源,所以,一方面,银行信贷的增加会推动房地产业的发展,有时甚至会助长房地产泡沫的形成;另一方面,房地产业的发展(尤其是房地产价格的飙升)会鼓励银行做出不当的反应,加大对该部门的放贷。由此可见,在房地产业快速发展时,政府对银行放贷的干预是极为重要的。然而正如英国《经济学人》杂志所说的那样,爱尔兰银行是"一群没有家长看管的顽童,可以玩任何游戏"。

第三,要重视财政政策对房地产业的双重影响。作为国家调节总需求的重要手段之一,财政政策对房地产业的影响不容忽视。为刺激房地产业的发展,国家可通过增加或减少税种、提高或降低税率等方法来调节房地产市场的供求。换言之,国家既可通过财政政策来鼓励其发展,也可通过这一政策来遏制其过热的发展或预防泡沫的产生。

财政政策在推动爱尔兰房地产业发展的过程中发挥了重要作用,但也助长了房地产泡沫的形成。长期以来,为房地产开发商和购房者提供的税收优惠一直是爱尔兰税收体系的特点之一。这种优惠必然会导致其房地产泡沫破裂前存在的住房的过度供给现象。

冰岛渔民要做银行家

金融安全是国家安全的重要组成部分,因此要把主动防范和化解系统性金融风险放在更加重要的位置,科学防范,早识别、早预警、早发现、早处置。

他山之石,可以攻玉。2008年北大西洋岛国冰岛遭遇的金融危机,或许能发挥一点警示作用。

在联合国开发计划署的人类发展指数排行榜上,冰岛的排名一直非常靠前,有时甚至是雄踞榜首。冰岛的人均国内生产总值很高(2022年高达7.3万美元),社会问题不多,风土人情淳朴,生态环境得到了较好的保护。无怪乎冰岛被国际媒体视为"最成功"的国家之一,冰岛人是"世界上最幸福的人"。

任何一个国家在发展经济时必须发挥自身的比较优势。冰岛的比较优势是渔业资源丰富。渔业部门为冰岛经济发展做出了重大贡献,但冰岛曾为争夺渔业资源而与一些邻国龃龉不断。此外,冰岛人认为,渔业很难使国民经济实现腾飞。因此,冰岛政府一直在为减轻对渔业的依赖而追求产业结构的多样化。

1991年,独立党领袖奥德松出任总理。这位34岁就担任首都雷克雅未克市长的政治家极为信奉自由市场经济思想,喜欢阅读弗里德曼、哈耶克和布坎南的著作,甚至在讲话时也经常引用他们的语录。他认为,制约冰岛经济发展的障碍是政府对银行业的控制。他在一次讲演中说,政府不应该通过拥有商业银行来干预经济,资本的配置不应该由政治家决定。因此,奥德松政府在短短的几年时间内就完成了银行业的私有化,以消除所谓"金融压抑"现象。

与政府关系密切的人虽无银行从业经验,但在私有化过程中却获得了银行的所有权,并立即从商业银行业务扩展到投资银行业务。一些渔民走下渔船,天天西装革履,开始在金融业闯荡了。此外,无论是大银行还是小银行,都用批发业务来开拓国内抵押市场,使房地产市场取得了快速的发展。

冰岛只有三十多万人口,国内市场规模有限,银行业的进一步发展受到了制约。因此,在2000年完成银行私有化后,政府就鼓励银行业向国际市场拓展。

冰岛人是维京人的后代。在历史上,维京人视野开阔,生性好强,勇于开拓。这一特性也在一定程度上决定了冰岛银行走向海外的必然性。在仅仅5年的时间内,冰岛银行就实现了国际化。以成立于1982年的冰岛最大的银行考普信银行为例,它在短短十多年的时间内就将业务扩展到十多个国家,业务量在世界上的排名快速上升。

随着金融业的发展,尤其是在银行业不断拓展其海内外市场时,冰岛政府却未能加以有效监管。英国《金融时报》在分析冰岛危机时说:"央行仅仅使用利率手段来监管,降低了储备金要求,也没有用道义上的劝告来规范银行的行为。"例如,为了与国家住房融资基金竞争,商业银行竞相提供利率低、期限长的住房贷款。有些银行甚至在提供贷款时不要求贷款者出示购房证。其结果是,许多人钻了一空子,将住房贷款用于其他目的。银行的放贷量固然大幅度增长,但这也助长了金融泡沫的膨胀。

美国有线电视新闻网的一篇文章说,谁都知道冰岛这个国家犹如美国雷曼兄弟公司,业已制造了一个巨大的金融泡沫,但是出于政治上的权宜之计,冰岛政府却听凭这一泡沫不断地扩大,直到破裂。

2008年10月6日,冰岛总理哈尔德在全国电视讲话中说:"最近几周,世界金融体系蒙受了巨大的灾难性冲击。世界上最大的一些投资银行已成为这一灾难的受害者,市场上的资本实际上已不复存在。其结果是,那些大的国际银行不再为其他银行提供资金,银行之间的信心丧失殆尽。这使得冰岛银行的状况在过去几天内不断恶化。"他还说:"冰岛经济可能会与银行一起陷入(危机的)漩涡,后果可能是国家的破产。"

哈尔德总理的讲话发表后,全球网购平台"亿贝网"(eBay)上贴出了网友的恶搞:"99便士起价拍卖冰岛,欲购从速。"英国伦敦政治经济学院的丹尼尔森教授说:"在和平时期,没有一个国家会如此迅速而悲惨地崩溃。"

金融危机使整个国民经济蒙受了巨大的损失,通货膨胀率和失业率快速上升,许多人的实际生活水平大幅度下降。一个名叫西丽·亚尔斯泰兹的冰岛教师说:"如果我遇到一个银行家,我会踢他的屁股,踢到我的皮鞋卡在他的肉里拔不出来。"

冰岛的银行危机不仅使冰岛人损失惨重,而且还连累了英国人。冰岛的三大银行在英国和荷兰有大量客户,其中包括数百万个网上银行个人储户以及一些地方政府、慈善机构、医院、非政府组织和大学(甚至包括牛津大学)。英国和荷兰的公私储户之所以愿意将金钱存入冰岛银行,主要是因为这些银行能提供较高的利率。但在冰岛政府接管这些银行后,所有银行业务都停止,存款被冻结,甚至可能会被一笔勾销。在奥德松总理表示冰岛银行无法满足英国存款

欧
洲

人的提款要求后,英国首相布朗启用了反恐怖主义法,冻结了冰岛银行在英国的资产。冰岛银行突然间成了与基地组织齐名的恐怖主义组织。

2008 年 11 月 18 日,国际货币基金组织宣布,决定向冰岛提供 21 亿美元的援助。据报道,冰岛曾向包括中国在内的多个国家提出过援助的请求,希望能够帮助冰岛克服金融危机。时任中国外交部发言人秦刚称:"我们也密切关注当前这场国际金融危机对有关国家所造成的影响,也注意到了有关国家为此所采取的措施,我们希望这些措施能够尽快取得预期效果。国际货币基金组织以及部分国家计划向冰岛提供援助,我们对此表示欢迎。"

欧盟是如何发展低碳经济的?

在我国的"十四五"规划和 2035 年远景目标纲要中有四处提到"低碳"。由此可见,低碳经济已成为我国经济和社会发展追求的重要目标。

低碳经济这一名词被认为是英国发明的。英国贸易与工业部在 2003 年 2 月提交给英国议会的文件《我们未来的能源:创造一个低碳经济》(又名能源白皮书)中指出:"低碳经济就是提高能源的使用率,即以较少的资源和减少的污染生产出较多的产品。"

与低碳经济密切相关的术语,还有无碳经济、绿色经济、循环经济及零排放。所有这些术语表达的意思都是为了一个共同的目标服务的:让人类生存的地球变得更为美丽清洁。

他山之石,可以攻玉。我们在追求低碳经济的过程中,应该向其他国家学习,努力借鉴其成功的经验。欧盟在大力发展低碳经济的过程中积累了丰富的经验。

一是必须拥有发展低碳经济的强有力的政治愿望。无论是欧盟领导人还是其成员国的领导人,都在各个场合表达了低碳经济的重要性和必要性。这一政治愿望既为各种低碳政策的出台奠定了政治基础,也有利于公众在日常生活中节省各种资源。

二是必须有一个切实可行的长远规划。2011 年 3 月 8 日,欧盟

欧洲

发布了《在 2050 年实现低碳经济路线图》。顾名思义,这一"路线图"是欧盟为发展低碳经济确定的长期性战略。根据这一"路线图",至2050 年,欧盟的碳排放量将在 1990 年的基础上减少 80%。为了实现这一目标,这一"路线图"不仅为各个部门确定了减少碳排放的指标,而且还提出了在低碳技术领域加大研发力度和增加投资的要求,甚至还要求各成员国立即制定本国的"路线图"。

三是必须拥有雄厚的资金实力。低碳经济是技术密集型经济,因此资金需求量是很大的。应该指出的是,虽然欧洲债务危机使欧洲经济多年萎靡不振,但这是一种暂时的现象。作为世界第一大经济体,欧盟有能力在低碳经济领域进行大规模的投资。

四是必须创造发展低碳经济的技术基础。低碳经济的发展必须以持续不断的技术进步为基础。以碳捕获及储存技术(CCS)为例,欧盟电力行业采用的三种方式(后燃烧捕获、预燃烧捕获和氧燃料燃烧捕获)均属于成熟技术,处于世界领先地位。中国在低碳技术领域与欧盟的差距很大。

五是必须为推动低碳经济的发展而建立一套法律体系。例如,违反国家环境保护法的企业,不论其所有制性质是什么,不论其规模多大,都应该依法给予惩罚。"有钱能使鬼推磨"之类的腐败思维必然成为低碳经济的绊脚石。

六是必须重视交通工具对生态环境的破坏性作用。欧洲各地规定,出租车和公共汽车必须符合尾气排放标准。哥本哈根更是不遗余力地推广清洁能源汽车,并为自行车设立专用车道。

欧盟发展低碳经济的成效是显而易见的。

第一,低碳经济使欧盟节省了能源。众所周知,欧盟做不到能源自给自足,每年都从俄罗斯等地进口大量能源。因此,低碳经济实现的能源节约,实际上就是减少了对进口能源的需求。在欧盟与俄罗斯关系跌宕起伏的背景下,这一减少具有较强的战略意义。

第二,低碳经济创造了大量就业机会。低碳经济对就业的贡献主要来自两个方面:一是可再生能源的开发和利用,二是政府在低碳经济领域的投资以及低碳技术的研究和开发。

第三,低碳经济提高了欧盟的竞争力。在全球化时代,一国竞争力的大小不再受制于其资源占有量的多少,更不是依赖出口产品价格的高低,而是取决于科技创新能力的强弱。低碳经济具有技术密集型的特点,因此低碳经济的发展提升了欧盟的科技创新能力,进而强化了它的竞争力。

第四,低碳经济改善了欧盟的生态环境。在欧盟各成员国实现工业化的过程中,生态环境的破坏也曾经是一个十分严重的问题。随着低碳经济的发展,欧盟成员国的生态环境不断得到改善。可以这样说,在欧盟的许多地方,青山绿水不再是一个梦想。

第五,低碳经济使欧盟在应对气候变化的过程中占领了道义上的制高点。欧盟之所以自诩为应对气候变化的"旗手",主要是因为它认为它的低碳经济已达到非常高的水平。

总而言之,欧盟发展低碳经济的做法,确实有许多可取之处,很值得我们认真借鉴。

欧
洲

欧洲难民危机的根源何在？

2015 年 9 月 3 日，一张照片在国际媒体上成为头条新闻。照片中，已经淹死的年仅 3 岁的叙利亚儿童艾兰被海浪冲上土耳其沙滩。他穿着红色 T 恤和蓝色短裤，面朝沙滩背朝天。据报道，艾兰是跟随其父母背井离乡的，船在风浪中沉没，所有人都淹死了。

那几年，大量来自中东和北非地区的难民前往欧洲避难，因此这一人道主义危机又被称作"欧洲难民危机"。

举世瞩目的难民危机对欧盟的内政外交产生了重大的影响：

第一，难民危机凸显了欧盟成员国之间的分歧。欧盟希望用摊派的方式应对蜂拥而至的中东和北非地区的难民。如在 2015 年 9 月 22 日，欧盟成员国内政部长在布鲁塞尔举行紧急会议，用投票的方式通过了安置意大利和希腊等国境内 12 万名难民的方案。但这一方案并未取得一致同意。捷克、斯洛伐克、罗马尼亚和匈牙利投出反对票，芬兰投弃权票。

第二，难民危机暴露了申根协定成员国内部边境管理中的失调。欧盟引以为自豪的就是人员自由流动。尤其在申根协定成员国之间，人员流动实现了彻底的自由化。但是欧盟无统一的边境部队，也无统一的移民政策，而边境线则依然由各国自行管理。这与欧元区成员国拥有统一的货币而无统一的财政政策颇为相似。

第三,难民危机助长了反对外来移民的右翼政党的力量。如在法国,虽然右翼政治家让-玛丽娜·勒庞领导的国民阵线未能在 2015 年 12 月 13 日举行的大区议会选举第二轮投票中取胜,但在 12 月 6 日举行的第一轮投票中则获得了 28.4% 的选票, 多人当选大区议会议员。这是该党有史以来的最佳成绩。国民阵线的一张竞选海报甚至写道:"玛丽娜,总统!"似乎她在总统大选中必定会稳操胜券。

难民危机的经济影响同样不容低估。据德国《法兰克福汇报》报道,在德国,安置一个难民的费用要超过 1 万欧元。2014 年,德国接受了约 20.3 万名难民,耗资 24 亿欧元。2015 年,德国接受 80 万难民,与此相关的总开支可能会接近 100 亿欧元。尽管皇家马德里足球俱乐部表示要捐款 100 万欧元,其他一些民间机构也表示要分担政府的财政负担,但是难民危机的解决依然需要动用大量公共资金。

但就长期性影响而言,难民危机的积极作用不容忽视。例如,难民能在一定程度上弥补劳动力短缺。据报道,2020 年之前德国技术岗位至少有 25 万的缺口,这一空缺正日益变大。瑞典有十多个行业出现了专业技术人才匮乏的现象。虽然自动化的运用能缓解劳动力短缺,而且南欧国家能输出一部分劳动力,但是欧盟的劳动力市场具有较强的刚性,其结果是,劳动力并不能流向缺乏劳动力的岗位。而在 2015 年抵达北欧的 120 万避难者中,大多数是年轻人,身体健康,愿意工作。在叙利亚难民中,五分之一的人接受过某种形式的高等教育。无怪乎一些企业已开始向新移民发布招聘信息,并表示愿意为其提供职业培训。瑞典政府甚至表示要为来自叙利亚的 1700 名新移民提供培训,使其成为合格的教师。

大量难民的涌入也有助于缓解人口老龄化趋势不断加快的困境。众所周知,欧盟的人口老龄化问题较为严重。自 20 世纪 60 年代

欧
洲

起,欧洲的出生率开始下降。根据欧洲统计局的计算,为确保欧洲现有的人口规模,生育率需要保持在 2.1;而在 2013 年,生育率仅为 1.55。据估计,欧盟的"老年人口依赖比"将从 2010 年的 28%提高到 2060 年的 58%,与此相关的公共开支相当于国内生产总值的比重将增加 4 个百分点。由于绝大多数难民是中青年,生育能力强,有些难民甚至携带了子女,因此欧洲国家的人口老龄化进程或许会有所放慢。

不论难民的流入能否使欧洲国家减缓人口老龄化的压力,可以肯定的是,国际社会更为关心的是:为什么会出现欧洲难民危机?

难民危机的根源当然是难民的数量急剧增加。为什么会有如此多的难民?这些问题与难民危机的内外因素有关。就内部因素而言,中东和北非地区国家的政府无法强化治国理政的能力,使民众的生活苦不堪言。就外部因素而言,英国、法国等欧洲国家跟随美国,打着"人权"的旗号,肆意干涉中东和北非地区国家的内政,在那里制造了极为严重的政局动荡,导致无数平民流离失所。因此,在一定程度上,难民危机是欧洲国家的自食其果。换言之,只有从根本上消除滋生难民的土壤,难民危机才不会发生,叙利亚儿童艾兰的尸体也就不会被大浪冲到海滩上。

英国与欧洲的"婚姻"

许多人把英国"脱欧"视为英国与欧洲"离婚"。英国与欧洲究竟是一种什么关系？其实，英国与欧洲的"婚姻"并非一直甜甜蜜蜜。

1930 年 2 月 15 日，已在英国政坛叱咤风云多年的温斯顿·丘吉尔在美国报纸《星期六晚邮报》发表了一篇文章。他写道："我们对更加富裕的、更加自由的、更加知足的欧洲人的共性充满希望，但我们有我们自己的任务。我们与欧洲在一起，但不是欧洲的一部分；我们与欧洲有关系，但并不妥协；我们对这个欧洲有兴趣，也有联系，但不会被它容纳。"

1946 年 9 月 19 日，丘吉尔在苏黎世大学发表演讲时说："我们必须建立一个某种形式的欧罗巴合众国。只有这样，数以亿计的劳苦大众才能重新获得简单的欢乐和希望。正是这样的欢乐和希望，才能使其不虚度一生。"但在同一演讲中，丘吉尔并没有表明英国有意积极参与"欧罗巴合众国"。他说："法国和德国必须共同发挥领导作用。英国、英联邦、强大的美国以及苏联……可以成为新欧洲的朋友和支持者，并将为新欧洲的生存和成就感到兴奋。"

1967 年欧洲经济共同体（以下简称欧共体）问世后，英国对它采取了一种敬而远之的立场。这与以下四个原因有关：一是当时英国的经济规模在欧洲雄踞首位，人民生活水平也名列前茅，失业率和

欧

洲

通货膨胀率都维持在较低水平;二是以英镑结算的国际贸易占全球贸易的一半以上;三是许多英国人认为,英国的未来不是在英吉利海峡彼岸,而是在大西洋彼岸;四是英国与美国、英联邦成员保持着非常密切的关系。

英国担心,如果它加入欧共体,上述四个方面的优势会不复存在。英国的这种忧虑以及它对欧共体前途的疑惑,被视为英国无法放弃的"疑欧"情结。

当然,也有许多英国人认识到接近欧洲大陆的重要性和必要性。如在1961年8月9日,麦克米伦领导的保守党政府终于提出了加入欧共体的申请。这一申请被视为英国对其第二次世界大战后外交政策的重大调整。

然而由于受到法国的抵制,英国加入欧共体的愿望未能成为现实。1963年1月14日,时任法国总统戴高乐在爱丽舍宫解释了他不同意英国加入欧共体的原因:英国最初不想加入欧共体,甚至还想阻止其他国家加入共同市场;英国是一个海洋国家,与遥远的国家开展贸易活动相对便捷;英国的农业部门很小,因而只能从南北美洲进口食品,并向本国农业部门提供大量补贴。这意味着英国的制度与欧共体是格格不入的。

其实,除戴高乐所说的上述经济因素以外,还有一个重要的政治因素,即英国与美国的关系过于亲近。戴高乐认为,美国向英国提供了导弹,因此英国缺乏加入欧共体的政治诚意。戴高乐甚至认为,英国是美国置于欧洲的"特洛伊木马"。

此外,戴高乐还担心英国进入欧共体后会充当欧洲的领导人。联邦德国总理艾哈德曾对英国驻联邦德国大使说:戴高乐不同意英国加入欧共体是他担心法国失去在这一组织中的垄断地位。

1967年5月10日,威尔逊领导的英国工党政府再次提出了加入欧共体的申请,法国再次否决了英国的申请。同年 11 月 27 日,戴高乐在爱丽舍宫召开的约有一千人参加的记者招待会上说,英国对共同市场无兴趣,而且目前欧共体的体制不适合英国;如果英国非要加入,它必须做出大刀阔斧的调整。

英国外交部在得知第二次申请被戴高乐否决后,发表了一个措辞较为强硬的声明:法国政府居然无视其(在欧共体内的)伙伴同意接受英国加入的一致意见,这是令人忧虑的事态,必将阻碍欧洲迈向团结的步伐,英国的加入对欧共体是有利的,因此英国将再次提出加入欧共体的申请。

1969 年 4 月 28 日戴高乐辞职后,蓬皮杜于同年 6 月 15 日当选法国总统。翌年,英国政坛也发生了重大变化,在 6 月 18 日的大选中,希斯领导的保守党意外取胜。

希斯政府认为,英国加入了欧共体后,英国的产品不仅能进入欧共体,而且还能进入更大的世界市场。与此同时,欧共体也认为,为了进一步加快欧洲一体化步伐,提升欧共体在国际舞台上的地位和强化国际谈判能力,有必要吸收更多的国家加入。

欧共体还认为,英国不仅拥有较为先进的技术,而且还在国际金融领域处于较为领先的地位,这一切都是有利于提升欧共体实力的。该组织甚至还认为,如能吸纳英国,欧共体或许能更好地应对美国在多个领域的挑战。

1971 年 5 月 20—21 日,蓬皮杜与希斯在巴黎会晤。这一会晤最终为英国加入欧共体奠定了基础。蓬皮杜认为,希斯将保证使英国成为一个欧洲国家,而非美国置于欧洲的"特洛伊木马";希斯则认为,蓬皮杜将确保使欧共体不成为一个超国家的组织。这样一种"两厢情愿"终于为英国进入欧共体奠定了基础。

1972 年 1 月 22 日,欧共体接纳英国的签字仪式在其总部所在地布鲁塞尔举行,1973 年元旦,英国正式成为该组织的成员,同时加入的还有爱尔兰和丹麦。希斯曾说过,他的政治生涯中最引以自豪的就是使英国加入了欧共体。

虽然工党同意英国加入欧共体,但它在 1974 年 2 月和 10 月两次大选前发表的两个政治宣言中,却批评希斯政府在加入欧共体时接受了不利于英国的条件。工党甚至表示,英国将就是否应该退出欧共体而举行全民公决。此外,工党在这两个宣言中还开列了与欧共体谈判的多方面内容,其中包括对共同农业政策进行重大的修改、为欧共体的预算制定较为公平的原则、在全球框架内解决欧共体的汇率问题以及放弃增值税,等等。

1975 年 6 月 5 日,英国举行了有史以来的第一次全民公决。投票的结果是:67.2%的投票者赞同留在欧共体,希望退出的仅占 32.8%。威尔逊将这一公决结果称之为"历史性的决策"。业已成为保守党领袖的撒切尔夫人说,这一公决结果与她领导的反对党的支持是密不可分的。前首相希斯说:"我为(英国加入欧共体)努力了 25 年。正是在我担任英国首相期间,英国才能成功地加入欧共体。我当然对这一公决结果感到高兴。"

当然,英国人无法预料,2016 年 6 月 24 日,英国举行了"脱欧"公投,要与欧盟"离婚"的英国人以 51.9%的微弱优势胜出。

2020 年 1 月 31 日,英国正式"脱欧",英国与欧盟的持续时间长达 47 年的"婚姻"到此结束。

公投是不是民主的胜利？

公投（又称全民公决）就是选民通过直接投票的方式，对国家的某一重大议题表达同意、反对或弃权。因此，全民公决是一种民主形式，是世界上许多国家实行的宪政制度的重要组成部分。

2016年6月23日，英国"脱欧"公投如期举行，尽管这一天英国的一些地方下起了大雨，影响了许多英国人出门投票。

公投的结果是，脱欧派胜出。于是有人说，这一公投结果是英国民主的胜利。

何谓民主？谁都知道民主的含义，即民主就是人民的统治，国家事务由人民管理。但是不同的人对"人民的统治"以及"人民管理国家事务"有不同的理解。而且如何追求民主以及如何实现民主，更是个难以回答的问题。

公投是民主的胜利？这显然是个地地道道的伪命题。公投的结果与民主是否取胜是两个不同的概念。如果说脱欧派的得票率超过50%是民主的胜利，难道留欧派的得票率超过50%就不是民主的胜利？2015年7月5日，希腊曾就是否应该接受国际债权人提出的"改革换资金"协议草案举行了一次公投。公投的结果是，超过60%的选民反对这一协议。当时，国际上的一些分析人士认为，这是民主的失败。在他们看来，只有希腊人民在公投中接受国际债权人的方

欧
洲

181

案,才是民主的胜利。这一认识显然也是极其荒谬的。

民主在不同国家有不同的表现形式。毋庸赘述,公投的政治和经济成本决定了它既不是一个国家在任何时候都应随意使用的民主形式,也不是政府能够"包治百病"的灵丹妙药。

还应该指出的是,既然民主是为了体现每一个人的利益,那么在任何一次公投中,少数派的利益也应该得到保障。在 6 月 23 日的英国脱欧公投中,胜败两方的得票率相差无几。这在一定程度上说明,略高于 50% 的脱欧派将自己的意志强加给了留欧派,后者必须无条件地接受"脱欧"这一事实。对于后者而言,这就是民主的代价。无怪乎大量英国民众要求二次公投,他们说,在 23 日的公投中,他们并不知道手中的神圣一票的分量。

这些人的反悔表明,民主这个"好东西",并不能保证不出现偏差和走样,甚至会导致与其主观意志完全相悖的结果。

事实上,"脱欧"或"留欧"是一个技术性、知识性和战略性很强的问题。"脱欧"对英国经济及其国际地位的影响是什么?对欧洲一体化和世界格局会产生什么后果?对于这些问题,普通人未必知道得很多,但在公投中,他们的话语权与英国社会中知识阶层及政治精英的话语权是相同的。普通民众并不会太了解欧洲一体化进程取得的巨大成就,也不会了解英国在全球化趋势中应该采取的对策。这显然有可能使公投这一民主形式走向"劣质"。

英国公投当然是一种民主的实现方式。但是英国奉行代议制民主制度。因此,英国"脱欧"还是"留欧",应该由议会作出抉择。换言之,为了在"脱欧"和"留欧"两者之间作出正确的选择,公投这一民主形式未必优于代议制这一形式。

民主是形式,还是目的?这才是问题的根本。以民主之名,按流程行事,却不顾及是否能有效应对重大议题,这无异于是民主的教条主义。三百多万英国民众要求二次公投，既是民主的"反弹"，同时也说明，民主不是为了宣示"政治正确"，而是要解决实际问题。

最后应该指出的是，在美国和欧洲国家的一些政客和媒体看来，有些公投既不民主，也不合法。例如，乌克兰克里米亚自治共和国决定自身地位的全民公决于 2014 年 3 月 16 日举行。公投的结果是：将近 97% 的克里米亚人赞成加入俄罗斯。

对于此次公投，俄罗斯方面认为，公投符合国际法准则和联合国宪章，但美国和欧盟成员国则认为这是"非法"的，因而不仅不予承认，而且还联合起来，对俄罗斯实施有力的制裁，从而使俄罗斯经济蒙受巨大的损失。

来自布鲁塞尔的失望

我曾于 2013 年初在布鲁塞尔的一个知名智库做过三个月的研究工作。在回国前,我写了一篇英语文章。我想在荷兰的一个网站上发表,因为它的记者曾采访过我。等了几天后,该网站答复我:"我们认为许多欧洲人不会同意你的观点,因此我们决定不发表这篇文章。"

这篇文章的题目是"From Brussels with Four Disappointments"(译为中文是"来自布鲁塞尔的四个失望")。以下是这篇文章的主要内容:

"来自布鲁塞尔的四个失望"这个题目与詹姆士·邦德 007 系列电影 *From Russia with Love*(《来自俄罗斯的爱》)颇为相似,我不知道欧洲人会不会指控我违反了欧洲的知识产权法。

我的这种担心是合理的,因为欧洲人常批评中国侵犯知识产权。英语中有句谚语叫作"烧伤的孩子怕火",在汉语中也有一个意思类似的谚语:一朝被蛇咬,十年怕井绳。

布鲁塞尔的天气多变,有时候一天会出现多种气候现象。我曾听到过一个笑话:在布鲁塞尔,如果你不喜欢下雪、下雨、雨夹雪或毛毛雨,只需等待五分钟,天气就会转晴。

在北京,雪后人们会主动地扫雪。然而在布鲁塞尔几乎没有人去清扫人行道上的积雪,纵然是在繁华的闹市区也是如此。

其实,我在布鲁塞尔获得的失望当然不是气候多变或无人扫雪,而是以下四个与中欧关系有关的事实:

失望之一:欧洲并不感恩中国。

可以肯定地说,许多中国人都认为,欧洲应该感谢中国,因为在应对欧洲债务危机中,中国为欧洲提供了帮助。这些帮助具体体现在如下三个方面:购买希腊、西班牙、意大利等危机国家的国债;扩大在欧洲国家的投资;从欧洲国家进口更多的商品。

但是令我失望的是,我在布鲁塞尔接触的大多数人似乎都没有对中国提供的帮助表达感恩之情。一些人认为,中国的帮助是口惠而不实;还有人认为,中国并不是真心地"救"欧洲,而是在追求自身利益;还有人甚至认为,欧盟的经常项目处于盈余,欧盟并不缺乏资本,欧洲不需要中国的帮助。

失望之二:2016 年中国不会自动获得市场经济地位。

中国加入世界贸易组织后,在经过 15 年的过渡期后,即在 2016 年,可自动获得市场经济地位。我敢肯定地说,如果欧盟在 2016 年前(而非必须等到 2016 年)就能慷慨地给予中国市场经济地位,那么中国人一定会高兴地邀请欧洲人来品尝美味的北京烤鸭、麻婆豆腐或宫保鸡丁。

令我失望的是,我发现欧盟不太可能在 2016 年前赋予中国市场经济地位。更糟糕的是,即使到了 2016 年,欧盟也不会自动承认中国的市场经济地位。有一位欧洲朋友对我说:"不要想当然地认为,2016 年 12 月的某天清晨醒来后,你们中国人就已经获得市场经济地位了。"

在布鲁塞尔期间,我曾看到一篇关于 2016 年中国市场经济地位

欧
洲

185

的文章。这篇文章说,这一协议并没有保证中国 2016 年自动获得市场经济地位,因此,中国误解了 2001 年签署的世界贸易组织协议的含义。

难道我们中国人的英语水平真的太低,以至于不能看懂那个世界贸易组织协议?

失望之三:欧洲不了解中国。

在来布鲁塞尔之前,我就知道在许多欧洲人中存在一些对中国根深蒂固的误解和错误观念。在布鲁塞尔的三个月加深了我的这种感觉。我在布鲁塞尔遇到的一些欧洲人,居然不知道中国还有民主党派,也不知道中国的政党制度是中国共产党领导下的多党合作和政治协商制度。

我还发现,欧洲人对西藏感兴趣,但他们对西藏的历史几乎是一无所知,不知道西藏的封建农奴制,不会见过当年农奴主使用的那些用来剜农奴眼睛、割农奴舌头的残酷刑具。

一些欧洲人有时还批评中国对待邻国的政策,但他们不知道,日本尚未承认其对许多亚洲国家犯下战争罪行。此外,许多欧洲人对钓鱼岛的历史一无所知或知之甚少。

失望之四:中欧战略伙伴关系名不副实。

2003 年,中欧建立了全面战略伙伴关系。确实,这一伙伴关系是全方位的。除了政治关系和经贸关系以外,人文交流也不断发展。当你走进位于布鲁塞尔市中心的大广场或来到撒尿小孩雕像前,你会发现,中国游客很多。除了旅游,中国游客的另一个兴趣是购物。从婴儿奶粉到巴宝莉包,从欧米茄手表到阿玛尼时装,都是中国游客乐于采购的商品。中国游客为欧洲经济做出了不小的贡献。

虽然欧盟不时针对中国产品进行反倾销,拒绝承认中国的市场经济地位,实施长期的武器禁运,但是中国人依然真诚地相信中欧关系是真正的战略伙伴关系。在我看来,这种战略伙伴关系类似于政治婚姻证书,能在一定程度上为中欧关系保驾护航。

然而我在布鲁塞尔遇到的许多欧洲人,包括一些知名学者,都不太看重中欧战略伙伴关系的重要性。他们认为,这种伙伴关系并不反映当前的现实,而是一个长期目标。一些学者甚至暗示,只有美国、加拿大和日本才是欧盟真正的战略伙伴。

生活不是完美的,这个道理同样适用于国家间的关系。中欧关系尽管存在一些长期问题和障碍,但中国和欧盟确实需要认真地考虑这种战略伙伴关系,使这种关系更有意义,更加富有成果。

小时候,我和小伙伴们经常盯着看天空中的云,以此来打发时间。如果我们指着某片云说它像怪兽,它真的越看越像,变成了怪兽;如果我们说另一片云像笑脸,接着它真的变成了笑脸。这就是想象的魔力。

我希望更多的欧洲人说中欧关系像一个笑脸。换句话说,我真心希望欧洲人能够全面客观地了解中国。这样,下一次来布鲁塞尔的时候,我就会感受更多的爱而不是失望。那时,我会再写一篇文章,标题就是"来自布鲁塞尔的爱"(From Brussels with Love)。

上面的文字就是我的那一篇英文文章的主要内容。没有想到的是,高举"言论自由"大旗的欧洲,居然不愿意发表我的文章。

早知那个欧洲媒体拒绝发表我的文章,我应该增加一个失望,把文章的题目改为"From Brussels with Five Disappointments"(来自布鲁塞尔的五个失望)。

研究方法

如何研究国际问题？

中国对外开放的不断扩大和不断深化，需要学术界为中国外交提供强有力的学术支撑。这是我们越来越重视国际问题研究的主要原因。

顾名思义，国际问题研究就是对国际上各种各样的问题、现象、趋势或事件进行学术上的诠释。应该注意到，在外语中，与此对应的是国际研究。例如，在英语中，国际问题研究就是 international studies，不必译出"问题"。

进入国际问题研究领域的门槛似乎不高，因为出租车司机也能大侃国际新闻。当然，把研究国际问题的学者说成是出租车司机，在一定程度上是批评或取笑他们。

一些学者确实会发表一些不正确的看法，或提出一些馊主意，但是我认为，总的说来，他们为中国外交提供了有力的学术支撑，并为包括出租车司机在内的大众提供了大量国际知识。每当国际上出现某一重大新闻时，我们总能看到无数研究国际问题的学者在各种形式的媒体上发声。此外，在讲好中国故事和传播中国声音的过程中，同样有无数这样的学者在做贡献。

如何研究国际问题，完全是一个见仁见智的问题。我认为，以下六点比较重要。

一是要避免理论脱离实际。国际关系理论当然是重要的,但是越来越多的学者为了使自己的研究成果(尤其是论文和专著)得以发表,常常不遗余力地、刻意地,甚至是挖空心思地追求理论化。其结果是,许多研究成果晦涩难懂,不知所云,而有些刊物则认为这样的论文是高水平的。可悲的是,越是看不懂的论文或专著,越是被认为是高水平的。

这方面的例子数不胜数。例如,全球治理是一个很现实的问题,未必需要太多的理论。学者应该为如何推动全球治理提出有针对性的、操作性强的对策,而非空对空地谈论全球治理的必要性或在有关理论上玩文字游戏。

二是不能过度发挥想象力。作为高等动物,人具有丰富的想象力。在研究国际问题时,想象力必不可少。但是想象力必须以事实为依据,不能仅仅依赖于自己的"第六感觉"。例如,拜登刚入主白宫,就有人对拜登总统的外交战略(尤其是拜登总统的对华战略)作出了多种多样的预测。其实,拜登的外交政策班子尚未成型,你怎么能知道他会奉行什么样的外交政策?这样的预测与出租车司机的看法可能不会有什么差别。

三是要正确处理渊和博的关系。知识是融会贯通和相得益彰的。国际问题研究是一种跨学科研究,涉及政治、经济、外交、社会、文化和历史等学科。这一特性在国别和区域研究中尤为显著。因此,研究国际问题的学者,既要有学术专长(渊),又要最大限度地掌握其他学科的知识(博)。为了达到这一目标,我们既要多看不同学科和不同专业的书,又要勤动笔,多写不同学科和不同专业的论文或文章。只有通过多看(积累知识)和多写(运用知识),才能事半功倍。

四是要敢于提问。提出问题并不意味着你在怀疑一切,更不是说你目中无人,而是表明你在思考,你要获取新的知识。因此,研究国际问题的学者，甚至包括学生，都应该好问。

而且，敢于提问还能甄别什么是正确的，什么是错误的。多年前，一位保加利亚学者在北京参加一个学术会议时，引用了原苏共中央总书记戈尔巴乔夫 1999 年在土耳其首都安卡拉"美国大学"主办的一个研讨会上的演讲。这一演讲后被译为中文并发表。但是中国社会科学院俄罗斯东欧中亚研究所前所长徐葵对这一讲话进行了认真的调查，证明戈尔巴乔夫的讲话完全是一篇假材料，因为戈尔巴乔夫 1999 年并未去过土耳其，而且安卡拉根本就没有一所"美国大学"。

五是要努力提高中文表达能力。不论你的学术水平多高，理论知识多么丰富，观点多么新颖，你必须把你的想法用键盘敲出来，形成一篇稿子。如果你的中文表达能力不好，写出来的稿子结构不合理，前言不搭后语，表述不清晰，或文字不通顺，那么你就很难被看作一名合格的学者。我曾对我的学生说过，如果你的中文表达能力差，我建议你不要在学术界谋生。其实，如果你的中文表达能力差，你在政府部门或企业工作时同样不会有出息。

六是至少要掌握一门外语。国际问题研究不能依赖中文文献，而是要使用大量的外文资料。必须指出的是，随着科技的发展，外语壁垒在降低，许多翻译软件能把你不懂的外语译成汉语。但这并不意味着外语的重要性是可有可无的。听、说、读、写、译都过关确实不容易，起码要会读、写、译。

研究方法

5 分钟就能懂的国际关系

每一个学科都有或多或少的基本原理。理解了这些原理，就等于懂得了这一学科。

国际问题研究（或曰国际关系）的基本原理是什么？著名的美国学者斯蒂芬·沃尔特在题为"如何在 5 分钟内得到一个国际关系专业的学士学位"的文章中说，只要理解 5 个关键词，你就相当于国际关系专业的本科毕业生了。

5 分钟就能获得学士学位，当然是沃尔特的玩笑。但他提到了 5 个关键词，确实是国际关系中的 5 个重大问题。换言之，如能懂得以下 5 个关键词的含义，你就能深刻理解天天发生的天下事了。

第一个关键词是"无政府"。沃尔特认为，国际政治与国内政治的不同之处就是前者是在缺乏一种中央权力的环境下发生的。因此，国际上发生的问题，似乎没有人管，没有一种中央权力能保护各国的安全。

第二个关键词是"均势"。沃尔特认为，在无政府的状态下，上升中的国家会对现实发起挑战，或者说，被赶超的国家会发动预防性的战争。有时甚至无法判断谁是强者，从而导致对形势的误判。

第三个关键词是"比较优势"。沃尔特认为，如果每一个国家都能利用自己的比较优势去从事专业化的生产，然后去交换其他国家同样利用自己的比较优势生产出的产品,那么双方都能从中受益。换言之,即使某个国家在生产所有产品时都比其他国家更有优势,这个国家依然应该发挥自己的比较优势。这个道理能解释为什么全球化能发展。

第四个关键词是"误解和误判"。沃尔特说,他的一个很聪明的朋友把国际政治归结为恐惧、贪婪和犯傻。无政府状态导致恐惧,贪婪与基于比较优势的自由贸易有关,误解和误判就是犯傻。当一个国家感到自己不安全时,就会采取防御的措施,而其他国家则认为它有野心。

第五个关键词是"社会建构"。国与国之间或人与人之间的交往常常受到不断变化的规范和认同的影响。社会现实与物质世界不一样,因为前者是会不断变化的,后者则是不变的。也就是说,国际上的许多现象与我们想什么、说什么和做什么息息相关。

沃尔特提出的上述 5 个关键词,确实可以在一定程度上帮助我们理解今天世界上发生的一切。

"无政府"可用来解释全球治理面临的困境。全球问题的应对之道就是全球治理。全球治理需要各国通力合作,也需要领导。但是作为世界上唯一的超级大国,美国不仅不能领导全球治理,反而在拉全球治理的后腿。联合国理应扮演领导者的角色,但在现实中,这一角色似乎是不尽如人意的。此外,"无政府"这个关键词还可用来解释美国的霸权主义、霸凌主义行径为什么得不到应有的惩罚。

"均势"能说明世界格局变化的大趋势。中国和其他一些新兴经济体在国际舞台上的地位上升,美国的相对实力下降,从而导致世界格局发生变化。但是美国的一些政客和学者却炒作所谓"国际权力转移"和"修昔底德陷阱",认为单极世界格局最稳定,两极世界格局次之,多极世界格局最不稳定。

　　"比较优势"能说明美国对中国出口商品加征关税既破坏了国际贸易规则,也违反了比较优势蕴含的自由贸易原则。美国的保护主义政策损人不利己,不仅使美国生产商和消费者不得不为更高的生产成本和商品价格"埋单",而且还使全球产业链的联动作用受到不良影响,进而导致全球贸易增速进一步下滑,威胁世界经济复苏。

　　误解和误判可用来解释美国对中国的遏制战略。中国的发展是大势所趋,谁也无法阻挡。因此,美国越来越担心中国要挑战、取代美国在世界上的地位。这一担心既是美国对中国的战略误判,也是美国对自身的前途缺乏自信。美国以为,过去,它能遏制苏联和日本,今天,它也能遏制中国。这样的误解和误判,只能削弱美国解决其自身问题的决心。

　　"社会建构"能在一定程度上说明,在处理国际关系时,对话总比对抗好,因为对话能促进相互了解、消除分歧,最终达到求同存异、各美其美、美人之美、美美与共、天下大同的目标。

　　总之,沃尔特归纳的上述 5 个关键词,构成了国际关系的基本原理。当然,正如沃尔特所言,如果你要把研究国际问题当作你毕生追求的事业,你还应该掌握这一学科的其他知识,包括国际关系史。

国际关系能否预测未来？

有一条名叫保罗的章鱼，曾因成功预测 2010 年南非主办的世界杯足球赛的比赛结果而闻名遐迩。

这一条鱼于 2008 年 1 月 26 日在英国出生，后在德国成长，居住在德国奥伯豪森的海洋生物馆。2010 年 10 月 25 日，章鱼保罗去世，享年两岁半。2011 年 1 月 20 日，该海洋生物馆为纪念它而建造的雕像落成。这个雕像在生物馆入口处，高达 2 米。它用八只脚抱着一个足球，足球上印有多国国旗。

章鱼保罗能预测世界杯足球赛，国际关系学者能否预测国际关系？也就是说，国际关系研究领域有无"章鱼保罗"？

这一问题的答案可谓公说公有理，婆说婆有理。

国际关系中的有些问题确实可以预测。例如，中国和其他一些新兴经济体在国际舞台上的地位在未来必然会上升，美国的相对实力必然会下降，欧洲一体化进程必将继续推进，欧元在国际货币体系中的重要性会进一步上升，中东的和平进程是艰难的，俄罗斯不会把到手的克里米亚归还给乌克兰……

这些预测，谁都知道，北京的出租车司机也知道。

这些预测，如同我们预测明年夏天北京有一场雷阵雨或冬天有一场雪。

研究方法

但是除上述大趋势以外,国际关系对其他国际事务或国际形势发展趋势的预测则是极为困难的,甚至是不可能的。例如,谁能预测"朝核问题"和"伊核问题"在何时以何种方式得到解决?谁能预测中东能在何时以什么方式实现永久和平?谁能预测伊拉克和阿富汗的政局将在何时以什么方式实现稳定?谁能预测人类社会何时彻底消灭恐怖主义?

我们经常听到这样的说法:柏林墙的倒塌、苏联的解体和冷战的结束,都没有被国际关系学者预测到。因此,他们认为,国际关系是无法预测未来的。

顺便说一句,美国学者彼得·德鲁克曾在他的《新现实》(1990年)一书中说过,苏联会解体,因为它无法处理其复杂的民族矛盾。但德鲁克不是研究国际关系的学者,他是一位管理学教授。

海国图智研究院院长陈定定教授曾成功预测2016年美国总统大选的结果,即特朗普胜出。美国的《洛杉矶时报》还为他的成功预测写过一篇表扬的文章。文章说,陈定定的预测之所以成功,是因为他认为美国的农业州和老工业区不断衰落,其结果是,那里的选民希望特朗普改变其命运。

其实,国际关系真的是难以预测。这主要是因为我们无法获得足够的信息。众所周知,国际关系的发展进程受到多种因素的影响,而且,每一个因素也受到其他因素的影响。面对各种因素的相互交叉的影响,要对国际关系作出正确的预测无疑比登天还难。

2007—2008年的国际金融危机爆发后,英国女王曾问英国经济学家能不能预测这一危机。她得到的答复是"不能"。但国际上有人却认为,他们成功地预测到了这一金融危机。

众所周知,英国女王关心的这一国际金融危机是美国次贷危机诱发的。次贷危机与深奥难懂的金融工程有关。自称成功预测国际金融危机或美国次贷危机的人，是否懂得金融工程？换言之，仅仅说美国早晚要爆发金融危机，不能说成功地预测到了危机。只有说出什么性质的危机因什么原因而在何时何地爆发，才是真正的章鱼保罗。

最后请允许我引用北京大学张小明教授在《国际关系理论与冷战史研究》(《史学月刊》2005 年第 6 期)一文中的一段话："现有的国际关系理论缺乏预见力，这是一个不争的现实，今后也不太可能会产生一个具有很强预见力的国际关系理论。这是由国际关系学科的性质所决定的。实际上，缺乏预见力是社会科学的基本特征。属于社会科学的国际关系理论之主要功能是帮助人们更清楚地描述和解释国际事件，而不是预测未来。我们没有必要因为国际关系理论家未能预测到冷战的结束，而否定其解释力。国际关系理论对于我们理解和解释冷战结束的原因，还是有所帮助的。"

外交理念的重要意义不亚于国际关系理论

　　世界只有一个,而国际关系理论却不计其数。确实,在国际关系研究问世以来的一个多世纪中, 五花八门的国际关系理论不一而足,应有尽有。

　　令人诧异的是,西方学者似乎在国际关系理论界独占鳌头。美国学者斯坦利·霍夫曼甚至认为,国际关系理论是美国的社会科学。在他眼中,正是美国,才使得国际关系成为一门学问。

　　中国学者当然不甘示弱。因此,早在三十多年前,就有人呼吁要创建中国特色国际关系理论,以改变西方国际关系理论一统天下的局面。

　　但也有人认为,理论具有普适性、全面性、逻辑性和系统性的特征,因此不必称某一国际关系理论为"中国特色"或"美国特色"。在他们看来,创建中国国际关系理论的目标不现实,也是无法实现的。

　　甚至还有人认为,中国文化的特性,如过于强调厚积薄发、偏爱历史传统、热衷于经世致用,以及沉溺于中庸思维,等等,也不利于国际关系学者创造国际关系理论。

　　且不论是否有必要,或能否创建中国特色国际关系理论,可以肯定的是,中国学者在追求理论创新时,不能轻视外交理念的重要性。在一定程度上,外交理念的重要意义不亚于国际关系理论。

外交理念的重要意义之所以不亚于国际关系理论，主要是因为两者有着以下三个方面的不同之处：

一是来源和出处不同。国际关系理论常常出自学者之口。他们潜心研究，著书立说，而后提出一种被学术界认可、接受和传播的理论。因此，任何一种国际关系理论都有一位或数位代表人物。而外交理念则常常是由一国政府的领导人在某一讲话或文章中提出。当然，任何一种外交理念又得有一定程度的学术支撑。

二是功能和作用不同。国际关系理论的功能和作用是为学术研究服务的，因而具有阳春白雪的特点。而外交理念则是为一国外交服务，体现的是一国政府的主观愿望和诉求。

三是与现实的联系程度不同。虽然国际关系理论源自现实，并力图为现实服务，但在许多情况下与现实的关系并不非常密切。而外交理念则与现实息息相关，完全不是凭空想象，而是基于对自身国力、世界格局和国际形势的判断。因此，一个国家的领导人未必懂得某一国际关系理论，甚至可能从未听说过某一国际关系理论的存在，但他完全有能力根据本国面临的各种现实条件，提出自己的外交理念。正所谓理论是灰色的，生命之树常青。

虽然中国学术界尚未创建一种在国际学术界占有一席之地的中国特色国际关系理论，但中国领导人提出的外交理念，则在国际上享有很高的声誉。尤其是在近几年，习近平在多个场合提出的人类命运共同体理念，正在国际上引起越来越广泛的关注。如在2017年2月10日，联合国社会发展委员会第55届会议通过了一个关于非洲发展新伙伴关系的决议，人类命运共同体理念被写入这一决议。

中共十九大在修改《中国共产党章程》时，写入了"推动构建人类命运共同体"，使之成为新时代坚持和发展中国特色社会主义的

研究方法

基本方略之一。2018年3月11日，十三届全国人大一次会议第三次全体会议通过了《中华人民共和国宪法修正案》。其序言第十二自然段中"发展同各国的外交关系和经济、文化的交流"修改为"发展同各国的外交关系和经济、文化交流，推动构建人类命运共同体"。由此可见，构建人类命运共同体已成为中国的国家意志。这一外交理念既体现了中国共产党人世界观的与时俱进，也反映了中国人民对世界和平与发展的美好追求；既是对五千年中华优秀传统文化的弘扬创新，也是对新中国外交优良传统的继承发展；既彰显了中国外交的大国担当，也表达了中国勇于在国际事务中占领道德制高点的美好愿望。

人类命运共同体理念的问世有利于彰显中国共产党的先进性，有利于实现中国梦，有利于丰富中国特色大国外交的内涵，有利于体现中国的大国担当，有利于强化中国的软实力，有利于避免"修昔底德陷阱"。

人类命运共同体理念无疑也能在以下三个方面推动创建具有中国特色的国际关系理论。

首先，人类命运共同体理念为中国学者推动构建中国特色国际关系理论指明了方向。每一种国际关系理论都有明确的指向性。例如，现实主义理论主张强化自身实力（包括军事实力），自由主义理论注重国内政治制度和自由民主制度，建构主义理论认为认同、观念和规范的重要性高于物质的重要性。人类命运共同体理念强调的是共同体意识，即每个民族、每个国家的前途命运都紧紧联系在一起，应该风雨同舟，荣辱与共，努力把我们生于斯、长于斯的这个星球建成一个和睦的大家庭，把世界各国人民对美好生活的向往变成现实。

其次，人类命运共同体理念使中国学者加深了对现实世界的认识。国际关系理论必须建筑在厚实的历史基础之上,这是无可厚非的。但是,国际关系理论不能拘泥于历史,而是应该勇于面对现实,以便更好地为现实服务。众所周知,习近平在多个场合阐述人类命运共同体理念时,都将世界面临的各种困境、问题和挑战置于十分重要的地位。中国学者只有心中想着这些困境、问题和挑战,才能强化学者的使命感,先天下之忧而忧,在人类命运共同体理念的基础上形成国际关系理论的中国学派。

最后,人类命运共同体理念为活跃中国学者的思想提供了机遇。理论是人的智慧的结晶。中国特色国际关系理论的构建不可能是一蹴而就的,需要每一个中国学者为之贡献聪明才智。人类命运共同体理念问世以来,许多研究国际关系的中国学者著书立说,激扬文字,业已提出了许多真知灼见。随着研究的深入,中国学者必然会在人类命运共同体理念的基础上创造出一种具有中国大国外交特色的国际关系理论。

研究方法

要不要中国特色国际关系理论？

1977 年，美国学者斯坦利·霍夫曼在一篇文章中提出，国际关系是美国的社会科学。他说，正是因为美国，才使得国际关系成为一门学问。2011 年，另一位名叫斯蒂芬·沃尔特的美国学者在一篇文章中问道：那么多年过去了，国际关系这一门学科依然是属于美国的社会科学吗？

需要指出的是，霍夫曼的文章题目仅仅写了"国际关系"（international relations），即学术界常说的 IR，没有写国际关系理论或国际关系学科，而沃尔特的文章题目则写的是"国际关系学科"（the discipline of international relations）。其实霍夫曼说的也是国际关系或国际关系理论。

沃尔特认为，国际关系研究领域被美国学者垄断的原因，与美国在世界上的作用有关。基辛格和布热津斯基等人是在外国出生的，但在美国接受了教育。他断言，在盎格鲁-撒克逊世界以外，世界级别的外交政策学者寥寥无几。这并不是说其他地方没有聪明的人在撰写关于国际事务的文章，但没有人能写出像亨廷顿的"文明冲突论"、福山的"历史的终结"或奈的"软实力"那样的著述。他写道："我并不是说盎格鲁-撒克逊以外的地方没有好的国际关系学者。我是说，在全球事务领域，那里没有大的思想，即没有那些不鸣则已、一鸣惊人的好观点。"

沃尔特居然这样说:"可能我遗漏了一些人。因此希望读者能提名:在盎格鲁－撒克逊世界以外,谁是国际事务领域中的最重要的学者?"

据说早在1987年,时任国务院国际问题研究中心总干事的宦乡就提到,应"建立一个有中国特色的国际关系理论"。宦乡曾出任中国驻欧洲共同体兼比利时和卢森堡大使。回国后历任中国社会科学院副院长、国务院国际问题研究中心(后易名中国国际问题研究中心)总干事。在宦乡的倡议下,中国社会科学院的世界经济研究所和世界政治研究所合并为世界经济与政治研究所,并陆续组建美国研究所、日本研究所、西欧研究所和亚欧研究所。

20世纪90年代初,以北京大学国际关系学院教授梁守德为代表的中国学者,开始主张中国国际政治学理论建设应突出"中国特色"。《中国社会科学报》(2015年1月5日)曾介绍梁守德在中国国际关系研究领域中的重要地位。这一文章写道:"五十载风雨兼程,中国国际关系学科从无到有,梁守德可谓名副其实的推动者、实践者、见证者。如今,从北京大学国际关系学院首任院长岗位卸任多年的他,仍然密切关注着中国国际战略和外交政策的动向,心系中国特色国际关系理论的发展与创新。"

据梁守德回忆,1963年,根据中央精神,北京大学、中国人民大学政治学系改为国际政治学系,复旦大学也开设国际政治学系。三所高校在改革开放后相继建立国际关系学院,因此1964年被视为中国国际关系学科建制元年,三所学院也被称为中国国际关系学界的"三驾马车"。

梁守德说,20世纪80年代中期,北京大学召开了一次中美国际关系学者会议。会上有两种明显不同意见,一种赞成建立中国特色的国际关系理论,一种持否定态度。来自美国加州大学伯克利分校的斯卡拉皮诺等学者,认为美国的国际关系理论具有普遍性,不认同建立中国特色国际关系理论的必要性,认为那是一种意识形态的需要。但梁守德认为,国际关系理论的中国特色,不能理解为意识形态的概念,而是一个哲学概念。他用马克思主义哲学中的个性与共性的关系理论,解释了国际关系理论也存在普遍性与特殊性的关系。西方特色、中国特色都属于个性层面,共性不能代替个性。梁守德说,在他系统阐释上述观点后,赞同的学者就比较多了。

应该说,自 20 世纪八九十年代以来,中国的国际关系学术界一直在讨论以下四个问题:为什么要构建中国特色国际关系理论? 能不能构建这样的理论? 如何构建这样的理论? 迄今为止,中国学者是否已成功构建这一理论?

在上述问题中,争论最激烈的就是为什么要构建中国特色国际关系理论,或者说,要不要构建中国特色国际关系理论。通过检索中文文献,可以发现,正方的观点较多。例如,王存刚认为,对于我们这样一个以马克思主义为国家意识形态的社会主义大国来说,没有中国特色的国际关系理论,的确令人遗憾甚至是尴尬。至于造成这种状况的原因,王存刚说,除了文化、语言和知识积累等问题外,一个重要的原因是:中国学者对什么才算是马克思主义的国际关系理论不清楚。王存刚建议,要彻底改变自近代以来形成的中国在世界体系中的相对不利地位,有效维护和进一步扩展中国的国家利益,对世界的和平与发展以及人类的进步事业做出更大贡献,就必须有一整套系统的、具备"独立自主"品格的国际关系理论,具体体现为有自己的核心问题、独特的概念体系、研究方法以及在此基础上形成的系统判断。

张森林认为,建立中国特色国际关系理论的主张是积极的,是我国和时代发展的必然要求;国际关系理论的中国特色,是它所表现出来的中国色彩、风格,是其带有的某种中华民族的征象或标志,包括基于中华民族历史传统、文化底蕴的语言风格、思维方式,也包括基于中华民族现实和长远利益的特殊视角、特殊认识和基本观点。

但林民旺认为,是否需要建设国际关系理论的"中国学派",取决于我们追求的理论类型是什么。他说,如果我们坚持建设科学的国际关系理论,那么科学理论具有的普遍性就导致没有必要称呼它是"中国特色",因而"创建中国国际关系理论的目标是无法实现的"。如果建设的是人文主义的国际关系理论,那么它的"中国特色"就使其丧失了普遍性,只能是中国学者的自娱自乐。可以看出,国际关系理论应该是科学理论还是人文理论,这是问题的核心所在。换言之,"理论普世性"命题得以成立的哲学基础是科学主义,而"理论国别性(特殊性)"命题得以成立的哲学支撑则主要是人文主义。

阎学通认为,从中国国际关系发展来看,个人的、小单位的或一批人的研究路径,是完全有可能形成的,但不可能形成全国一致的理论学派。中国各种思想很多,而且有些是相互对立的,因此没有一种学派能代表中国。

我认为,如果能够建立中国特色国际关系理论,那当然是求之不得的好事情。自 20 世纪 80 年代宦乡提出构建中国特色国际关系理论以来,已有三十多年的时间。在此期间,许多中国学者孜孜不倦地追求这一目标并已取得了一些成就,但是好像还没有真正出现一种具有中国特色的国际关系理论。

"革命尚未成功,同志仍须努力。"中国的国际关系学者应该记住孙中山的这一句名言。

研究方法

何谓"周边学""丝路学"?

近来见到两个新词："周边学""丝路学"。我立刻想到两个问题："周边学""丝路学"与"周边研究"和"丝路研究"有何不同之处？如要与国际学术界交流，如何将"周边学"和"丝路学"译为外语？

有人认为，"周边学"的诞生顺应了中国崛起进程，有着历史的必然性，意义重大。"周边学"的建构应具有自洽的逻辑体系和扎实的学理基础，而在其理论体系的自我建构过程中，中国学应是其不可或缺的重要视角和依托，位居其理论的内核。还有人认为，中国"周边学"要成其为"学"，就不能仅仅满足于在经验层面对现实问题进行描述和回应，而应在概念化和理论化上作出实质性创新，形成具有中国特色的周边外交理论体系。

中国外交的基本定位被概括为：大国是关键、周边是首要、发展中国家是基础、多边是舞台。由此可见，周边国家在中国特色大国外交中的地位是不容低估的。但是不能因为周边国家是重要的，所以我们就要创造"周边学"这一新名词。

其实，"周边学"就是周边国家研究，即国别和区域研究中的周边国家研究。试问，大国研究和发展中国家研究同样需要"自洽的逻辑体系"和"扎实的学理基础"，同样需要一定的理论体系，难道我们也要创建"大国学"和"发展中国家学"？

有人认为，"丝路学"是关于丝路沿线国别区域问题研究的一门跨学科的百年显学。"丝路学"具有学术性与实践性的双核特质，是历史的，也是现实的，更是未来的一门学科。

"丝路学"的这一定义是值得商榷的。首先，任何一种学术研究都"具有学术性与实践性的双核特质"，但我们不能把所有学术研究都称之为"学"。其次，为了使"一带一路"研究更上一层楼，我们在研究沿线国家时当然要重视其现实和历史。因此，我们必须问，"丝路学"与"丝路研究"的不同之处何在？

中外学术交流日益频繁。我们不能创造出悦耳动听的新名词后敝帚自珍、孤芳自赏。但是如何将"周边学"和"丝路学"译为外语，却是一个需要认真思考的问题。在一个关于"丝路学"的国际会议上，"丝路学"被译为 Silk-Road Studies。如将 Silk-Road Studies 译为汉语，不就是"丝路研究"吗？

虽然中国学者提出了"周边学"，但未能为其确定一个英语的译法。国外有一个研究领域叫 border studies，可译为"边境地区研究"。国外互联网上一篇介绍 border studies（"边境地区研究"）的文章写道：在今天这个相互联系不断加深的世界上，人文社会科学界的学者对边境地区研究的兴趣不断上升。该文章认为，边境地区研究需要跨学科的知识，因此，这个研究领域的属性超出了某一单个学科（a single discipline）。

还应该指出的是，在汉语中，"研究"与"学"是大不相同的。"学"应该是一门学科，译为英语就是 discipline，如经济学、政治学、法学和历史学，等等；"研究"是学术探索，译为英语应该是 study。毋庸赘述，discipline 与 study 显然是大不一样的。

由此可见，无论是"周边学"还是"丝路学"，实际上就是"周边研究""丝路研究"。或许是为了听起来好听、看起来好看，所以要把"周边研究"和"丝路研究"改为"周边学"和"丝路学"。这与把"研究所"改为"研究院"、把"系"改为"学院"、把"学院"改为"大学",颇有异曲同工之妙。

除了"周边学"和"丝路学"以外,还有人说,要构建具有中国特色的"美国学""日本学""欧洲学""亚洲学""非洲学"和"拉美学",等等。

这些"学",与其说是学科(discipline),还不如说是研究(study)。换言之,"美国学""日本学""欧洲学""亚洲学""非洲学"和"拉美学",与"美国研究""日本研究""欧洲研究""亚洲研究""非洲研究"和"拉美研究"相比,有什么差别?

如果"美国学"是成立的,那么我们能否构建"巴西学""海地学""特立尼达和多巴哥学""肯尼亚学""埃塞俄比亚学""老挝学"或"阿富汗学"? 什么国家的研究可以成为一门学科?

学术创新是难能可贵的。但是学术研究贵在认真和实事求是,不能用噱头或花里胡哨的新名词来推动学术创新,更不能以为提出一个缺乏科学性的新名词就能提升自己的研究领域的学术地位。

如何认识国际关系理论的重要性？

理论是人们观察和认识世界后得出的具有思想高度和逻辑性的一般性规律。因此，世界只有一个，而理论则数不胜数。

自 20 世纪初国际关系成为一门"学问"以来，国际关系理论层出不穷。有的国际关系理论昙花一现，很快在学者的视野中消失；而有的国际关系理论则经久不衰，而且还能与时俱进。

对于国际关系理论的功能和用途，国内外学术界始终存在着多种多样的看法，例如有人认为，国际关系理论能帮助学者"拨开迷雾见青天"，从复杂多变、捉摸不定的国际形势中看清事态的本质，从而为决策者提供正确的建议。在他们看来，不懂国际关系理论，就无法从事国际问题研究。无怪乎学术刊物和出版社希望一切来稿要有理论水平，学校也要求硕士生和博士生的毕业论文必须有理论创新。

但也有人认为，国际关系理论既未能预测到柏林墙的倒塌和苏联的解体，也无法对叙利亚内政、中东局势及朝鲜半岛核武器问题等"热点"的发展趋势作出判断。因此，国际关系理论是无用的或至少是用处有限。

甚至还有人认为，国际关系理论仅仅是学者自娱自乐的"玩物"而已，无法解决任何一个现实问题。而且他们还说，世界各国的决策

研究方法

211

者很少懂得国际关系理论，在制定外交政策时从不查阅理论书籍。正所谓：理论是灰色的，生命之树常青。

上述看法都是片面的。确实，国际关系理论源自国际事务的现实，既是学者对现实世界的解释，也是其认识世界的一种学理工具。就此而言，国际关系理论的用途是不容低估的。例如，马克思主义国际关系理论揭示了战争与和平的本质；现实主义理论能使我们懂得为什么美国的历届政府都愿意将军费开支维系在很高的水平上；孤立主义理论或许能解释为什么特朗普政府热衷于单边主义行为而排斥多边主义体系；依附论能使我们看清南北关系的本质及建立国际经济新秩序的必要性和重要性；建构主义能使我们理解为什么要通过推动人文交流等手段来实现民心相通。

但是我们也应该注意到，有些学者为使自己的学术成果具有更强的所谓"理论性"而钻进书堆，或故弄玄虚地造出一些远离现实的术语，或牵强附会地用那些不知所云的概念来解释严酷的现实问题。"贤者以其昭昭使人昭昭，今以其昏昏使人昭昭。"其结果是，越是使人看不懂的文字，越是被视为具有理论深度的科研成果，越容易在国内外的学术刊物上发表。

此外，理论可被分为有用的理论和无用的理论，学以致用才是国际关系理论的宗旨。换言之，不能解释国际关系中的现实问题的理论不是有用的理论，不能为决策者提供思路的理论也不是有用的理论。

与国际关系理论是否有用这一问题息息相关的另一个问题是，中国学者能否构建为中国特色大国外交服务的具有中国学派特色的国际关系理论。

在国际关系领域小有名气的美国学者斯蒂芬·沃尔特曾说过，大国必然会费心思考全球事务，其他国家会非常关注大国的思想家在思考什么,大国会做什么。他认为,因为英国统治世界数百年,美国曾在过去的数十年间在世界上处于领先地位,所以,美英学术界及美国学者提出的国际关系理论必然会对世界产生重大影响。

早在几年以前,王毅就在外交学院开学典礼上说:"当前,中国外交站在了一个新的历史起点。我们的国家从来没有像今天这样接近世界舞台的中央,从来没有像今天这样全面参与国际上的各种事务,也从来没有像今天这样承担着维护世界和平与发展的重要责任。"王毅的这一判断必然会增强中国的国际关系学者的理论自信。

毋庸置疑,就国际关系研究领域中学者的数量而言,中国堪称世界第一。但中国学者对国际关系理论的贡献显然是令人失望的。这在一定程度上说明,中国学者必须急起直追,在国际关系理论界发挥更大的作用。

令人欣慰的是,在过去的二三十年,中国学者在构建中国特色国际关系理论的征途上做出了巨大的努力。当然,迄今为止,中国学者似乎还没有成功地推出一种被国际学术界认可的国际关系理论。

这一欠缺或许与多方面的因素有关。例如,在"抬头不见低头见"的人情面子影响下,中国学者相互之间的学术争鸣和交锋缺乏力度,因而很难迸发出思想火花;又如,在久治不愈的学术"浮夸风"的阴影下,中国学者攀登理论高峰的动力得不到强化;再如,中国学者的学术成果基本上是用汉语发表的,在国际学术界很难被更多的读者知晓。

综上所述,国际关系理论既不能被理解为包治百病的灵丹妙药,也不能被视为弃之可惜、食之无味的"鸡肋";既不是似乎能使科研成果变得更为引人注目的"发光剂",也不是"躲进小楼成一统,管他冬夏与春秋"的自娱自乐。

研究方法

213

为全球智库排名泼冷水

美国宾夕法尼亚大学"智库研究项目"(TTCSP)研究编写的全球智库报告(*Global Go To Think Tank Index Report*,以下简称"宾大报告")发布后,几家喜欢几家愁。喜的是因为自己的排名靠前了,愁的是因为自己的排名没有前进或倒退了。

我对这个智库排名的报告嗤之以鼻,因为它的评价体系和评价方式非常不科学。这一致命的缺陷主要体现在以下三个方面:

一是无法获取世界各国智库的重要数据。在表面上,它的评定有多种多样的步骤,一环紧扣一环,最后得出一个结论。但是它能否获得全世界所有智库的数据?这个问题的答案显然是否定的。试问,它能获得中国社会科学院和其他中国智库的成果数量、经费收支、人事工作和其他方面的重要数据吗?它能从什么渠道得到这些数据?

二是无法判断智库成果的重要性。宾大报告煞有介事地将"智库成果对决策的影响""智库与政策制定者的关系"作为智库排名的依据。其实,无论是宾大的"智库研究项目"还是它邀请的世界各地的评定专家,都无法知道世界各国智库的成果对决策产生了什么影响,也不知道智库与政策制定者之间的关系是什么。在任何一个国家,智库为决策者提供的成果并非都是公开的,而是通过内部渠道

(或曰保密渠道)上报的。宾大报告及世界各地的评定专家根本不可能知道哪个国家的什么智库在何时向决策者提供了什么样的决策咨询，更不知道这个成果是否对决策产生影响。

三是无法知晓智库的学术表现和声誉。宾大报告将智库的学术出版物数量和类型、学术论文的数量及被引用次数、被媒体采访的数量等等指标作为衡量智库的学术表现和声誉的依据。且不论这一依据是否可行，应该指出的是，世界上的智库那么多，在智库从事研究工作的人不计其数，谁能把智库的学术论文数量及其被引用的数量、被媒体采访的数量进行细致而实事求是的统计？

由于无法为上述三个方面的重要指标进行准确的定性和定量分析，宾大报告的权威性也就无从谈起了。

还有一个与学术无关的因素，同样是不容忽视的。笔者曾经在布鲁塞尔的一个智库做过三个月的访问学者。我问该智库的负责人："你看重宾大报告的排名吗？"他答："不。"我又问："能否与这个'智库研究项目'拉关系或套近乎，从而使自己的排名靠前？"他说可以那样做，但是他领导的智库没有那样做，因为他根本不看重这个排名。

有需求就有供给。如果无人看重宾大报告，它就会无声无息地退出我们的视野。可悲的是，许多智库把它与自己的声望和地位联系在一起，并在社交媒体上大加宣传。毫无疑问，与其把自己的声望和地位建筑在一个很不靠谱的报告的基础上，还不如在真才实学上下功夫。

有为才能有位。但是有些智库为了扩大知名度而煞费苦心。它们的公开的或内部的成果很难说是高水平的，但在吸引媒体注意和扩大社会影响等方面却极为能干。

近几年，我们一直在强调智库的重要性，并为提高智库的地位

研究方法

采取了许多措施,其中之一就是建立一种科学的评价体系。2017年7月,中国社会科学院成立了中国社会科学评价研究院。它以制定标准、组织评价、检查监督、保证质量为宗旨,力图创立一种适用于中国哲学社会科学的评价标准。应该注意到,各国的哲学社会科学体系不尽相同,因此该院确定的标准,只能适用于中国,未必能放之四海而皆准。

哲学社会科学与自然科学大不相同。自然科学的成果直接为生产力服务,其影响力是有目共睹的。而哲学社会科学涉及一二十个一级学科,哪能断言这个学科的成果优于那个学科的成果?哲学社会科学的这一特性同样适用于智库。智库关注的领域五花八门,不一而足,同样不能说这个领域的智库比那个领域的智库更重要。

总而言之,如果我们继续对宾大报告的不正确的排名入迷,那么很难指望中国的智库会研究出高质量的成果。就此而言,宾大报告对中国智库的伤害是不容低估的。

不要把国别和区域研究搞得过于"神秘化"

近几年,在中国学术界,国别和区域研究越来越得到重视。与国别和区域研究有关的文章一篇又一篇、论坛一场连一场、讲座一个接一个。毫无疑问,在社科领域,国别和区域研究达到"走红"的程度,是其他学科难以攀比,且望尘莫及的。

为了推动国别和区域研究,学者之间交流一下心得体会或介绍一下经验,当然是无可厚非的。但是在国别和区域领域展开的"研究"似乎变得越来越神秘化。这一倾向主要体现在以下四个方面:

一是关于如何从事国别和区域研究的文章过于理论化。理论当然是重要的。否定理论对国别和区域研究的指导,无疑是不可取的。但是有些文章在论述如何从事国别和区域研究时,却牵强附会地使用了一些所谓理论,使用了只有作者才能理解的术语和概念。其结果是,读者未必真的能知道如何从事国别和区域研究。事实上,与国际问题研究的另一个分支(综合研究)不同的是,国别和区域研究更需要的是对策研究和应用研究。

二是片面强调国别和区域研究的重要性。国别和区域研究当然是重要的。无怪乎教育部在 2015 年印发了《国别和区域研究基地培育和建设暂行办法》。但是在许多学者的笔下,国别和区域研究似乎是我国最重要的一个学科,其他学科不能望其项背。这一认识导致

研究方法

217

全国各地的高校一哄而上地成立了无数国别和区域研究中心。然而其中许多研究中心名存实亡，并未产出多少高质量的研究成果。

三是随意夸大国别和区域研究的难度。诚然，国别和区域研究是一种跨学科研究，涉及政治、经济、外交、社会和历史，研究人员须掌握多学科的专业知识。但是任何一种科学研究都不是简单的，都需要足够多的专业知识和刻苦钻研的毅力。国别和区域研究亦非例外，不必随意夸大其难度。事实上，在社会科学的各个研究领域中，国别和区域研究的难度并不高，或许低于世界经济、国际金融、国际政治、国际关系和外交等综合研究。无怪乎许多人发现，进入国别和区域研究的"门槛"不高。

四是混淆了国别和区域研究的方法论与制约这一研究领域向纵深发展的有关限制。任何学术研究都需要正确的方法。方法不对，出成果、出高质量的成果就是"天方夜谭"。应该指出的是，目前制约国别和区域研究向纵深发展的，并非研究人员的研究方法不正确，而是一些莫名其妙的限制。例如，为了提高引用率，许多刊物不愿意发表国别研究（尤其是小国家）的论文。这种由各个编辑部自行制定和实施的限制，对国别研究的危害性是不容低估的。许多研究人员为了晋升职称，只能放弃对小国家的研究。

其实，国别和区域研究在我国不是一门新兴学科。如果说1956年成立的中国科学院国际关系研究所（今中国国际问题研究院）是我国国别和区域研究的起点，那么国别和区域研究在我国已走过了六十多年的征程。因此，我国学术界要做的不是无休止地介绍国别和区域研究的定义，也不必阐述这一学科的重要意义。当然，时代在发展，中国的国际地位在上升，国别和区域研究的必要性在增加，因此我国学术界确实应该为中国特色大国外交提供更有力的学术支撑。

揭开国别和区域研究的神秘化面纱,并不意味着我们可以无视其复杂程度。如同其他研究领域,国别和区域研究的发展必须有两个保障:财力和人力。足够的财力有助于研究人员出国考察、举办学术会议和购买书报资料。令人欣慰的是,对于绝大多数研究机构而言,财力不再是一个问题。人力就是从事国别和区域研究的研究人员。相比之下,人才短缺则是一个亟待解决的大问题。大国有许多人在研究,而绝大多数小国却无人进行跟踪研究,甚至不少中等国家也没有多少人在研究。这一缺陷既与研究成果难发表有关,也与研究资料少、语言障碍高及专业知识匮乏等因素密切相连。

国别和区域研究领域面临的另一个问题就是研究人员自身的素质,如汉语水平和外语水平不高及专业知识匮乏,等等。毋庸置疑,外语院校面临的这个问题尤为突出。虽然外语院校从事国别和区域研究有外语优势,但绝大多数研究人员仅对语言和文学感兴趣,对世界经济和国际关系等领域的专业知识所知甚少。

综上所述,为了推动国别和区域研究,不应该将这一学科搞得过于"神秘化"。与其无休止地空谈国别和区域研究的重要意义、必要性和难度,还不如在政策上采取一些有助于推动国别和区域研究的刺激性措施,并在人才培养上下更大的功夫。

研究方法

后　记

除了外交决策部门需要深入了解国际事务以外,公众也希望知晓天下事。因此,从事国际问题研究的学者有必要撰写一些面向公众的通俗读物。

本书是我在研究之余撰写的随笔或曰时事评论,有的是应一些报刊的约稿写的,有的是特意为本书写的。

在我编纂本书的过程中,我的多位学生提供了多方面的帮助。对此,我感激之至。

我还要衷心感谢天津人民出版社的编辑王琤同志,正是她热心的帮助和细致的修改,才使本书得以顺利出版。

江时学

2023 年 10 月